Kabar

Karlowsky
engagé volontaire

GUERRE 1914-1915

EXPOSITION NATIONALE

DES ŒUVRES DES ARTISTES TUÉS A L'ENNEMI BLESSÉS PRISONNIERS ET AUX ARMÉES

ORGANISÉE PAR

"LA TRIENNALE"

8 CATALOGUE 1f

Sté des Étabts Minot - Paris

E
N

I
T
I

M. I

MM.
A
de
d'
S

EXPOSITION NATIONALE

DES ŒUVRES DES ARTISTES TUÉS A L'ENNEMI, BLESSÉS, PRISONNIERS et AUX ARMÉES

Organisée par "LA TRIENNALE"

sous le haut Patronage de
M. DALIMIER, Sous-Secrétaire d'État aux Beaux-Arts

PRÉSIDENT D'HONNEUR
M. Léon BONNAT, Membre de l'Institut

COMITÉ D'HONNEUR

MM. MERCIÉ, Membre de l'Institut. Président de la Société des Artistes Français — ROLL, Président de la Société Nationale des Beaux-Arts — Frantz JOURDAIN, Président du Salon d'Automne — BOMIER, Sous-Directeur de l'École Nationale Supérieure des Beaux-Arts.

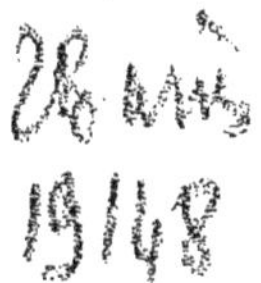

« *La Triennale* » recevra avec plaisir toutes les notes et renseignements biographiques qu'on voudra bien lui envoyer concernant les camarades tués à l'ennemi, blessés, prisonniers ou combattants. Cela permettra, dans la deuxième édition du catalogue, de rendre un hommage plus complet aux héros tombés glorieusement sur les champs de bataille, et de faire paraître *une seconde partie* comprenant les noms de tous les artistes aux armées.

(Adresser les communications à M. Fernand Sabatté, secrétaire général, 35, rue Gros, Paris.)

CATALOGUE

des Ouvrages

DE

Peinture, Sculpture, Dessin Gravure, Architecture et Art Décoratif

EXPOSÉS

A LA SALLE DU JEU DE PAUME

(Terrasse des Tuileries)

Du 20 Mai au 20 Juillet 1915.

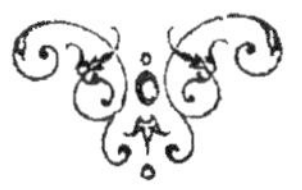

PARIS
MODERNE IMPRIMERIE
37, Rue Gandon

1915

ABRÉVIATIONS

p.	—	Peinture.
sc.	—	Sculpture.
d.	—	Dessin.
gr.	—	Gravure.
ar.	—	Architecture.
a. d.	—	Arts décoratifs.
méd.	—	Médailleur.

TABLE DES MATIÈRES

Le bureau de M. E. Avrillon, chargé de la vente des œuvres, est installé au rez-de-chaussée entre la première et la deuxième salle de l'exposition.

La Triennale tient à remercier ici tous ceux qui par leur situation, par leur générosité ont permis la réalisation de cette œuvre de confraternité et de patriotisme :

M. Dalimier, sous-secrétaire d'état aux Beaux-Arts.

La Ville de Paris.

M. Falcou, directeur des Beaux-Arts de la Ville de Paris.

L'École Nationale supérieure des Beaux-Arts.

MM. Baker.
Fenaille.
Lafitte.
Docteur Lissar.
Parent.

Mmes Ve A.-L. Rossollin.
Ve L.-B. Supervielle.

M. Jacques Susse.

Mlle Valet.

(Cette liste sera complétée dans la deuxième édition.)

LA TRIENNALE

COMITE

MM.	Baudoüin.	MM.	Guirand de Scévola.
	Besnard.		Harpignies.
	Bonnier.		Humbert.
	Bouchard.		Jeanniot.
	Carabin.		Lalique.
	Maurice Chabas.		Louis Legrand.
	Jules Chéret.		Lepère.
	Cormon.		Ch. Plumet.
	Dampt.		Pointelin.
	Déchenaud.		Raphaël Collin.
	Maurice Denis.		Renoir.
	Despiau.		Rivaud.
	Desvallières.		Rodin.
Mlle	Dufau.		Sabatté.
MM.	Forain.		Steinlen.
	Frantz Jourdain.		Willette.
	Ch. Guérin.		

Commission de placement :

Carabin, Maurice Chabas, Marcel-Béronneau, Ch. Plumet.

Secrétaire général :

Fernand Sabatté,
35, rue Gros, Paris (XVIe).

Trésorier :

Le Bœuffle (René).

On doit entrer ici avec le sentiment qui obsède la France depuis bientôt dix mois. Rien de comparable aux ouvertures annuelles des Salons. Aucune idée de l'art habituel, aucune envie de comparer, de classer. Tous sont égaux devant la patrie, puisqu'il s'agit surtout des œuvres des artistes tués à l'ennemi, blessés, prisonniers, et que les exposants vivants et libres sont aux armées. La liste des morts, depuis le mois d'août, telle qu'on a pu à peu près l'établir, dit le sacrifice de ces jeunes existences : Abonnel, Béclu, Berthon, Blavette, Pierre Bouisset, Cadot, Canioni, Champcommunal, Claustres, Demonchy, Doucet, Exbrayat, Filley, Gass, Georget, Glaize, Gourdault, Gumery, Héneux, Hillemacher, Lenoir Lorieux, Parizelle, Pinguet, Roustan. A cet appel funèbre aucune voix ne répond plus, ceux que l'on évoque sont tombés en terre de Belgique ou d'Alsace, sur la Meuse ou la Marne, en Flandre ou en Argonne. L'hiver a passé sur eux, puis le printemps fleurit, ils ne voient plus les paysages où rêvait leur âme d'artiste. D'autres ont disparu, respirent peut-être encore dans l'atmosphère fiévreuse des hospices de l'ennemi : Balmary, J. Courselles-Dumont, Delamain, Lemercier, Moulin de Maulmont, Moreau-Sauve. Ceux-là ne répondent plus non plus. D'autres, enfin, nous font entendre une voix lointaine, celle des enfermés aux camps et aux forteresses de l'Allemagne : Amas, Ch. Bauche, L. Bauche, de Beaumont, Bournac, Bracquemont (le sculpteur), de Herain, Denis Claude, Drouard, Dufour, Lambert, Pierre Laurens, Julien Lemordant, Loiseau, Mignon, Vinit... Ceux-là sont-ils tous vivants? On ne sait. Il en est dont on n'a pas de nouvelles, tel cet héroïque Lemordant, qui a mené des semaines et des mois la vie de guerre avec une si belle ardeur, et qui est tombé, la tête perforée, la vue et la vie en danger.

Ce n'est qu'après cette longue et dure guerre que l'on pourra connaître le bilan des tristesses et des horreurs, des blessures et des morts, que l'on pourra penser aussi au talent acquis et aux promesses des disparus. Aujourd'hui l'impression qui domine est celle du cimetière, de l'ambulance et de la géhenne, et l'on se découvre instinctivement à la vue de ces œuvres, comme au passage des cercueils recouverts d'un drapeau tricolore. On se révolte contre le néant de la mort qui a absorbé tant d'énergies, tant de fortes et délicates pensées, on voudrait faire revivre tous ces jeunes hommes qui se sont offerts en sacrifice, non pas seulement pour les survivants de demain, mais pour la France éternelle, pour les idées dont ils étaient les servants, pour le pays dont ils étaient les fils et qu'ils adoraient comme le plus fier idéal et comme la plus douce réalité. Ils revivront, on consacrera leurs noms, on gardera leurs peintures, leurs sculptures, parmi lesquelles quelqu'un a eu la pensée de placer leurs images. Voyez-les. Aucune n'est banale. Toutes sont pensives, sérieuses, charmantes, et ceux-ci, que nous ne rencontrerons plus dans le quartier Montparnasse et au Luxembourg, avec leurs grands chapeaux, leurs moustaches en croc, leur barbiche, leurs longs cheveux, qui faisaient parfois sourire le passant, apparaissent maintenant tels que des héros empanachés, prêts à tirer l'épée pour la grande cause juste

Ce n'est plus le cimetière auquel on songe en les voyant alors avec leur front réfléchi ou leur regard de flamme, c'est la tranchée boueuse où ils ont souffert sans perdre leur gaité, c'est la plaine où ils se sont avancés sous la mitraille, c'est la colline qu'ils ont enlevée en chantant

Le jour de gloire est arrivé!

Ils ont voulu, n'en doutons pas, que l'on conserve d'eux ce souvenir, fixé aux œuvres patientes de leur labeur d'artiste. Tués à l'ennemi, disparus, prisonniers, faisant leur devoir aux armées, ils se présentent à nous sous les yeux de leur général, car Joffre est ici, avec ses soldats : vêtu de noir, la médaille militaire sur la poitrine, calme, sérieux, résolu, pensée grave, force tranquille et sûre. Pénétrons nous des exemples et des suggestions qui se lèvent de toutes parts au spectacle qui nous est offert dans cette salle du Jeu de Paume, sur la terrasse des Tuileries. On doit y prendre surtout la leçon terrible de cette guerre que le destin nous a imposée. Si tous les Français s'en pénètrent violemment, s'ils se donnent tout entiers, comme ceux qui sont partis, s'ils sont « au front », eux aussi, de toute leur volonté de vaincre, ils vaincront. Qu'ils entendent ainsi cette humble et glorieuse réunion de ceux-là qui sont tombés aujourd'hui pour que ceux de demain soient libres.

GUSTAVE GEFFROY.

CATALOGUE

DES

ŒUVRES EXPOSÉES

ABONNEL (Michel), né à Clermont, soldat au 5e colonial, 25e compagnie. Mort le 2 février 1915, à l'hôpital de Saint-Chamond.

1 — *Portrait de Fernand Grange*, pastel.

2 — *Portrait de Marc Gillouin*, pastel.

ALBA (Gaston), 109e d'infanterie. Blessé, en traitement à l'hôpital de complément 34, à Auxerre (Yonne).

2*bis* — *La lutte pour la vie* (terre cuite).

AMAS (Ernest), né à Landrecies (Nord), soldat au 1er d'artillerie territorial. Prisonnier en Allemagne, à Munster (Westphalie).

3 — *Sous les tilleuls*, p.

4 — *Rentrée du troupeau*, p.

AMBROSIO-DONNET (Antoine-Marius), né à Vallauris (Alpes-Maritimes), sergent au 58e d'infanterie, 4e compagnie. Secteur 130.

5 — *Pêcheur sans souci*, sculpture.

ARMAND (Albert), 2e rég. du génie, 20e comp., à Toul.

5*bis* — *Roches du golfe Juan.*

5*ter* — *Jardins de Montmartre.*

ARMAND (Paul-Loys), 12e d'artillerie, 8e batterie R. A. T., convoyeur camp retranché de Paris.

6 — *Derrière le moulin à Vert* (S.-et-O.).

6*bis* — *Le bord de l'eau à Héricy* (Seine).

AUBRY (Emile), né à Sétif (Algérie), caporal au 302e d'infanterie, 23e compagnie.

7 — *Rue d'Alger*, p.

7*bis* — *Paysage de Bretagne*, p.

AVY (J.-M.), né à Marseille, 32e régiment d'infanterie territorial, 14e compagnie, à Argentan (Orne).

7*ter* — *Suzanne*, aquarelle.

BABLET (Paul-Jean-Adolphe), né à Paris, sergent au 39e d'infanterie, 5e compagnie. Secteur 93.

8 — Une vitrine contenant :

Coquetier et cuillère, argent or et corail.
Epingle de cravate, or topaze.
— or, avec perle et roses.
Bague or, avec tournaline.
— or, opale.
— argent, pierre de lune.
Pomme de canne, argent.
— argent et corail.
Collier en argent.

(Arts décoratifs.)

BACQUE, né à Rodez, soldat au 15e d'infanterie, S. H. R. Secteur 140.

9 — *Port de Cassis*, p.
10 — *Jardin à Meudon*, p.

BAILLY (Alfred), né à Châtellerault, 13e d'artillerie, 13e section d'automobile, à Paris.

10*bis* — *Notre-Dame.*
10*ter* — *Le marché aux fleurs.*

BALLET (André-Victor), né à Paris, sergent au 166e d'infanterie, 8e compagnie, à Verdun. Actuellement Hôpital 29, Moulins (Allier).

11 — *Marseille, le vieux port*, p.

12 — *Deux vues du port de Fécamp*, aquar.

13 — *Hendaye et la Bidassoa*, aquar.

14 — *Etudes de plantes*, crayon et aquar.

15 — *Nature morte*, p.

BALMARY (Henri-Roger), né à Crépy-en-Valois, soldat au 54e d'infanterie, 11e compagnie. Tué au combat d'Arrancy, le 22 août 1914.

16 — *Saint-Cloud, un coin du parc*, aquar.

17 — *Ruines de l'église Saint-Thomas à Crépy-en-Valois*, aquar.

18 — *L'Ariège près Mérens*, aquar.

BARCET (Emmanuel), né à Lyon, soldat G. C., section M, groupe III, poste 4, à Apremont, par Rosny (Seine).

19 — *Bouquet de fleurs*, p.

20 — *L'église de Lasque* (B.-Pyr.), p.

21 — *Sur le mur*, p.

BARNOIN (Henry), né à Paris, motocycliste à l'armée.

22 — *Quai de l'Hôtel-de-Ville à Paris*, p.

23 — *Le Pont-Neuf à Paris*, p.

23*bis* — *Croquis*, p.

BARTHELEMY, maréchal des logis, 3e art. coloniale, 11e batterie. Secteur postal 149.

24 — *Retour des champs*, p.

25 — *Paysage*, p.

26 — *Paysage*, p.

27 — *Esquisse*, p.

28 — *Esquisse*, p.

29 — *Pont*, p.

30 — *Pont-Neuf*, p.

31 — *Paysage*, p.

BASTARD (Georges), né à Andeville (Oise), sergent infirmier, 11e territorial d'infanterie. Secteur postal 104.

32 — Vitrine contenant :
Objets, écaille, bois, nacre et corne.

33 — *Le clocher*, Bergues.

34 — *Le beffroi*, —

35 — *Estaminet.* Env. de Nieuport.

36 — *Dans les dunes.* —

37 — *Route d'Ostduinkerkue.* —

38 — *Ravitaillement de Coxyde.* —

39 — *Aux héros de Dixmude.* —

(Aquarelles.)

BAUCHE (Charles-Léon), né à Paris. Prisonnier à Erfürt, 2e compagnie, 23e section camp des prisonniers.

40 — *Le Pont-Neuf*, p.

41 — *La grue*, p.

42 — *La terrasse du château à Versailles.*

43 — *Temple de l'Amour, à Versailles*, p.

BAUCHE (Léon-Charles), soldat au 26e d'infanterie. Prisonnier à Erfürt.

44 — *Automne à Saint-Cloud*, peinture.

45 — *Quais de la Seine*, —

46 — *Matin sur la Seine*, —

47 — *Les sables*, —

BAUD (Henri-Charles), né à Paris, 2e artillerie lourde de campagne, 7e colonne, secteur 7. Dépôt à Vincennes (Fort Neuf).

47*bis* — *Prisonnier de guerre*, d.

47*ter* — *Fantassin sortant des tranchées*, d.

BEAUFRERE (Adolphe), né à Quimperlé, soldat au 81e territ. d'infanterie, 15e comp. Secteur postal 99e.

48 — *Gravures sur bois.*

49 — —

50 — *Gravures à l'eau-forte.*

51 — —

52 — —

BEAUMONT (Hugues de), né à Chousy (Loir-et-Cher). Sergent prisonnier à Magdebourg. Blessé.

53 — *Versailles sous un jour de neige*, p.
54 — *L'église d'Evre*, p.
55 — *Les Hérisiers*, p.

BEAUME (Emile), né à Pézenas, soldat au 26e d'infanterie, 26e compagnie, dépôt à Mâcon.

56 — *Notre-Dame*, p.
57 — *Pen-Vern (Bretagne)*, p.

BEAUVAIS (Gabriel), né à Paris, caporal au 167e d'infanterie, 10e compagnie, 3e section, Toul.

58 — *Faunesse allaitant*, pierre.
59 — *Maternité*, —
60 — *Masque comblanchien*, —

BECLU (René), né à Paris, sergent au 166e d'infanterie, 8e compagnie, place de Verdun. Mort au champ d'honneur le 17 janvier 1915.

61 — *Pomone*, sculpt.
(Appartient à M. Pierre Gompel)
62 — *Tête de jeune fille*, buste, bronze.

BELLAN (Henri-Ferdinand), né à Paris, sous-officier d'intendance, camp retranché de Paris.

63 — *Eglise basque*, p.

BELNET (Georges-Albert), né à Dijon, caporal au 20e territorial d'infanterie, 5e compagnie. Secteur postal 28.

64 — *Enterrement*, aquar.

65 — *Sur le front*, 3 panneaux huile.

66 — *Soleil couchant*, panneau décoratif, Versailles.

67 — *Prisonnier allemand.*

BELTRAND (Camille), né à Paris, soldat au 36e territorial d'infanterie, 1re compagnie, 4e section. Secteur postal 5.

68 — *Clair de lune*, grav. sur bois.

69 — *Le poirier*, —

70 — *Paysage*, —

71 — *Portraits de Gérard de Nerval et de J.-J. Rousseau*, grav. sur bois.

BELTRAND (Jacques), né à Paris, 36e territorial d'infantrie. Blessé, en convalescence au dépôt de Rodez.

72 — *La remise aux cerfs.*

73 — *Le laboureur.*

74 — *La cathédrale d'Amiens.*
75 — *Le paysage aux lapins.*
76 — *La rivière derrière les grands arbres.*
77 — *Descente de croix.*
78 — *Tête de Christ.*
79 — *Beethoven.*
80 — *Baudelaire.*
81 — *Notre-Dame.*
82 — *L'arbre tordu.*
83 — *Christ en croix.*

(Gravures sur bois en camaïeu en couleurs.)

BENOIT-LEVY, né à Paris, lieutenant, service des chemins de fer, secteur postal 28.

84 — *Intérieur hollandais*, p.
85 — *La jeune mère* (près Amsterdam), p.

BENTZ, né à Paris, soldat au 103e d'infanterie, 29e compagnie, dépôt d'Alençon (Orne).

86 — *Village en Dordogne*, p.

BERGES (Joseph-Paul), né à Saint-Girons (Ariège), soldat au 136e territorial, secteur H. R., à Saint-Gaudens.

87 — *Vieil intérieur (Ariège)*, p.
88 — *Cloître Saint-Dizier (Ariège)*, p.
88*bis* — *Etudes.*

BERNAUX (Emile), sergent 24e d'infanterie, 8e comp. Secteur 81.

89 — *Une desserte.*

BERNE-BELLECOURT, né à Saint-Germain en Laye, 34e territorial, peintre du ministère de la guerre, de la mission des peintres militaires.

89*bis* — *Lancier de Bengale.*

BERTHON (Maurice), 5e d'infanterie. Blessé à la bataille de la Marne le 14 septembre, mort à l'hôpital de Jonchéry-sur-Vesles le 20 septembre.

89*ter* — *Femme endormie.*

BESNARD (Robert), né à Paris, 35e d'infanfanterie. Disparu dans l'Aisne.

90 — *Page de croquis*, gravure.
90*bis* — *Portrait au piano*, gravure.
90*ter* — *Portrait*, gravure.

BIDART (Louis), canonnier servant au 45e d'artillerie, 10e batterie, 4e groupe. Secteur postal 7.

91 — Un cadre contenant : 1. *En Argonne* (dessin) ; 2. *Ma cabine téléphonique* (aquar.) ; 3. *Un abri de 75* (aquar.).

91*bis* — *Batterie de 75 en action* (dessin).

91*ter* — *Une Meusienne*, d.

91*quater* — *Un souvenir de cantonnement* (ferme et église), d.

BIDON (Jean), né à Paris, sapeur au 5ᵉ génie, 23ᵉ comp. auxiliaire, R. A. T. à Aulnay S.-et-O.), dépôt de Versailles.

92 — *Raisins et œillets rouges*, p.

BIETRIX (Lucien), né à Paris, sapeur dessinateur du génie, mairie de Pontoise.

92*bis* — *Etude*, p.

BIGOT (Raymond), né à Orbec, soldat garde voie, poste 8, à Lisieux (Calvados).

93 — *Sculpture sur bois.*

BIVA (Lucien), né à Paris, soldat au 13ᵉ d'artillerie, motocycliste, convois automobiles, dépôt : Paris.

93*bis* — *Les dernières fleurs* (Grand Trianon, Versailles), aquarelle.

94 — *Fillette cueillant des roses*, gouache.

BIVEL (Fernand), né à Paris, maréchal des logis au 2e cuirassiers, 12e escadron, Ecole Militaire, Paris.

95 — *Mort de Cléopâtre*, p.

96 — *Marseille*, p.

97 — *Les Martigues*, p.

BLAVETTE (Jacques-Pierre-Louis), né à Paris, sous-lieutenant de réserve au 102e d'infanterie. Tué à Ethe (Luxembourg belge), le 22 août 1914.

98 — *Urne Renaissance dans la basilique de Saint-Denis*, aquar.

BLOCH (Marcel), 36e d'infanterie, 3e comp., à Poligny (Calvados).

99 — *Un dessin.*

100 — *Un dessin.*

BLONDAT (Max), né à Crain (Yonne), caporal au 322e d'infanterie, 12e comp., dépôt Rozoy-en-Brie (Seine-et-Marne).

101 — *Le repos de l'amour*, terre cuite.

102 — *Petit agneau*, bronze, cire perdue.

103 — *Buste Amour*, sculpture.

BOIRY (Camille), né à Rennes, soldat aux voies et communications, gare Conflans-Fin-d'Oise.

104 — *Au soleil*, p.
105 — *Sauvageonne*, p.
106 — *Barques au crépuscule* (Ajaccio), p.
107 — *Taureau corse*, p.
108 — *Cribleur de sable* (bord de la Loire).
109 — *Le golfe de Porto-Vecchio* (par Tramontane), p.

BOIZOT (Emile), né à Paris, sergent au 27e territorial, 1re comp., dépôt de Mamers. Blessé.

110 — *Parisiennes*, grav. en couleurs.
111 — — —

BON (Jacques), né à Paris, soldat à la 22e section d'infirmiers militaires.

112 — *Etude pour un panneau*, p.
113 — *Saint-Cloud, automne*, p.
114 — *Derniers rayons*, pastel.

BOUCHARD, 58e territ. d'infant., 10e comp. Secteur 60.

115 — *Le faucheur*, bronze.

BOUCHER (Jean-Marie), né à Cesson (Ille-et-Vilaine), 75e territorial, 1re comp. Secteur postal 155.

116 — Bronze.

BOUCHERY (Omer), né à Lille, soldat, 46e d'infanterie, évacué au 13e d'artillerie, services automobiles, Ecole Militaire, à Paris.

117 — *La cathédrale d'Anvers*, eau-forte.

118 — *La Haute-Deule, à Lille*, —

119 — *Conversation*, d'après Pieter Codde (musée de Lille), grav. burin.

120 — *Portrait de Julien Boilly*, grav. bur.

121 — *Le puits de Quentin Messips* (à Anvers).

122 — *La rue Longue-des-Chevaliers* (à Anvers).

BOUCHET (Auguste), né à Bordeaux, caporal au 5e colonial, 28e compagnie, Champagne (Rhône).

123 — *Jardin du Luxembourg*, pastel.

124 — — —

125 — — —

126 — *Paysage neige, les fortifs à Arveuil*, pastel.

127 — Idem.

BOUFFANAIS (René), sergent au 170e d'infanterie, 5e comp. Secteur postal 49.

128 — *Femme mauresque*, p.

129 — *Arabès*, p.

BOUISSET (Jacques), sergent-fourrier, 160e d'infanterie, Nevers (Nièvre).

130 — *Cour de ferme*, p.

131 — *Matin d'automne*, p.

132 — *Matin d'avril*, p.

133 — *Le premier pain*, p.

BOUISSET (Pierre), soldat au 10e bat. de chasseurs à pied. Tué le 1er mars, à Notre-Dame de Lorette.

134 — *Buste de M. M...*, sculpt.

135 — *Buste de F. B...*, —

136 — *Portrait de Mme M...*, dessin.

137 — *Tête d'étude*, —

BOURGEAT (Charles), né à Grenoble, sodlat au 105e territorial, 1er bataillon, 1re compagnie. Secteur 32.

138 — *La brodeuse*, eau-forte originale.

139 — *Orphée*, eau-forte d'apès Gustave Moreau.

BOURLY (Henri), né à Saint-Denis, caporal, 17e territorial, 4e bat. d'étapes, 3e comp., par Verdun (Meuse).

140 — *Versailles Trianon*, p.

141 — *Versailles Pavillon Musique*, p.

142. — *Versailles Faune*, p.

BOURNAC (André-Jean), soldat au 355e d'infanterie. Prisonnier, 2e régiment, 8e comp., à Weinberg, par Zossen.

142*bis* — *Le marchand de journaux.*

BOUSSEMART (Maurice), né à Lille, soldat au 5e territorial d'infanterie, 22e compagnie, 11e escouade, à Jarnac.

143 — *Rue Monge à Paris*, p.

144 — *Notre-Dame*, p.

145 — *Pont à Paris*, p.

BRACQUEMOND (Emile), né à Paris, soldat au 1er zouaves. Prisonnier n° 502, camp d'Ohrdruf (Saxe), baraque M 66, camp A.

146 — *Buste de M. B.*, plâtre patiné.

147 — *Mendiant arabe*, sculpture.

BRACQUEMONT (Pierre), né à Paris, soldat au 29e territorial, G. V.

148 — *Intérieur de Mme Langweil*, p.

BRASILIER (Hélie), né à Paris, soldat 2e cl., Ravitaillement de la 5e armée.

149 — *Adam et Eve*, p.

BRECQ (Stephen), 46e d'infanterie, 8e compagnie, au Théâtre Fontainebleau.

150 — *Paysage du Morvan*, p.

BRINDEAU (Edouard de Jarny), né à Paris, soldat engagé pour la durée de la guerre au 48e territorial, 17e compagnie, à Chantepie (détaché à la préfecture de Rennes).

151 — *Portrait de Mme B.*, p.

152 — *Portrait de Mme de la C.*, pastel.

BROCA (Alexis-Louis de), né au Hâvre, sous-lieutenant, 81e d'infanterie, 6e bataillon d'étapes. dépôt : Nantes.

153 — *Les trous de marmites sur le front de Mesnil-les-Hurlus* (Champagne), aquarelle.

153*bis* — *Une tombe*, aquarelle.

BROCQUET (Gaston), né à Void (Meuse), soldat au 94ᵉ de ligne, 2ᵉ bataillon, 7ᵉ compagnie, Argonne.

154 — *Portrait de M. Hector Flechman* (Homme de Lettres), buste plâtre.

155 — *Faunesse*, buste marbre.

156 — *La dernière étape*, terre cuite originale.

BROQUET (Léon), né à Paris, soldat cycliste, 48ᵉ territorial, section H, Montmirial (Marne).

157 — *Pro Patria Semper Reuves* (Marne), septembre 1914, dessin rehaussé.

158 — *Feuille de mon carnet de route* (sur la bataille de la Marne), dessins.

159 — — —

160 — — —

161 — — —

BRUN (Gaston), né à Paris, lieutenant au 17ᵉ territorial d'infanterie, 2ᵉ bat., 6ᵉ comp. Secteur 148.

162 — *Le pont de Germigny-l'Evêque* (coupé lors de la bataille de la Marne).

163 — *L'automne à Germigny-l'Evêque* (Moulin de Varreddes).

BRUYER (Georges-Léon), né à Paris, soldat au 352e d'infanterie, 24e comp., 4e section. Secteur 40.

164 — *Le piano mécanique de Brégy* (sur le front), aquarelle.

165 — *La sentinelle encapuchonnée*, aquar.

166 — *Une projection*, aquarelle.

167 — *L'abri des sacs*, dessin.

168 — *Dans la tranchée* (une lettre), dessin.

BUSSIERE (Louis), sergent-fourrier au 82e de ligne, 10e comp. Secteur postal 9.

169 — *La Vierge au Saint-Jérome du Corrège*, gravure.

BUSNEL, soldat, 3e section C. O. A., gare Buchy.

170 — *France XVIII*, plâtre patiné.

171 — *Frère et sœur*, bronze.

172 — *Joffre*, bronze.

BUTHAUD (René), né à Saintes, caporal, 344e d'infanterie, hôpital Doukkala, 10, rue du Jardin-des-Plantes, à Marseille.

173 — *Paysage*, p.

174 — *Bacchus*, p.

CADOT (Louis-Barthélemy), né à Levallois-Perret, soldat de liaison au 269e d'infanterie, 18e compagnie. Tué le 3 septembre 1914, à la ferme Sainte-Libaire (Meurthe-et-Moselle).

175 — *Canal près d'un crassier* (à Jarville-les-Nancy), p.

176 — *Fonderie à Jarville*, p.

177 — *Canal à Jarville*, p.

178 — *Jardins étages*, entre Beaulieu, Villefranche et Nice, p.

179 — *Temps gris — Le Mont-Boran*, entre Nice et Villefranche, p.

CALLOT (H.), sergent, 34e territorial, 8e compagnie, secteur 136.

180 — *Port de la Meule*, aquarelle.

181 — *Jeune femme brodant*, peinture.

CAMESCASSE (Pierre), médecin major, Hôpital 5*bis*, à Amiens.

182 — *Intérieur d'église* (Notre-Dame), p.

183 — *Nature morte*, p.

CAMOIN (Charles), soldat au 115e territorial, secteur 44.

184 — *Plage à Tanger*, p.

185 — *Café dans la Kasbah*, p.

CANIONI (Georges-Ambroise), né à Longjumeau (Seine-et-Oise), sergent au 302e d'infanterie. Mort au champ d'honneur.

186 — *D'après Prudhon* (Ecole professionnelle), lithographie.

187 — *Village de Cempuis* (Oise), lithographie originale.

188 — *Avant l'orage*, lithogr. originale.

CANNICCIONI (Léon-Charles), né à Ajaccio (Corse), soldat au 29e territorial d'infanterie, 2e bat. de marche, 8e comp., dépôt à Dreux.

189 — *Devant Calvi*, p.

190 — *Coin de marché à Bastia*, p.

191 — *Cavalier corse dans la vallée de l'Asco*, p.

CARETTE (Georges-Emile), né à Paris, commandant d'état-major (zône nord).

192 — *Effet de soleil couchant*, p.

CARLI (Auguste-Henri), né à Marseille, soldat au 13e territorial, à Louvres (Seine-et-Oise).

193 — *Buste Sénégalais*, sculpt.

194 — *Buste Maître Vénitien*, sculpt.

195 — *Esprit et matière*, groupe bronze.

CARRE (Georges-Henri), né à Marchin-Beton (Yonne), sergent au 13e infanterie territoriale, 15e comp., à Changé (Mayenne).

196 — *La veille de la Toussaint*, p.

CAUDRELIER (Gérard), né à Lille, au 351e d'infanterie. Secteur 157.

196*bis* — *Port Maria, baie de Quiberon*, p.
196*ter* — *Fleurs*, p.

CAZABAN (Louis-J.-J.), né à Homps (Aude), 80e d'infanterie, 29e compagnie, Narbonne.

197 — *Le manteau rouge*, p.
198 — *La rose*, p.

CAZIN (Michel), né à Paris, soldat au 7e territorial, poste 25 à Boulogne-sur-Mer. Dépôt à Saint-Omer.

199 — *Le Bois Le Prêtre* (vu par un trou d'obus à l'hôpital de P.), p.
200 — *La cote 106* (les Hurlus, Marie-Thérèse, Four de Paris), p.
201 — *Tombe isolée* (deux braves tombés à Gerbeviller), p.

CHALLIE (Jean-Laurent), né à Echenez-la-Melline, soldat au 21e colonial, 28e comp., fort d'Ivry.

202 — *Intérieur*, p.
203 — *Nature morte*, p.

CHAMPCOMMUNAL (Jean-Joseph), né à Paris, sergent au 101ᵉ d'infanterie. Tué à l'ennemi le 5 novembre 1914 à Armencourt.

204 — *Le palmier*, p.
205 — *Vielle maison en montagne*, p.
206 — *La punta de Deya le soir*, p.
207 — *La Pergola*, p.
208 — *La vigne*, gravure au couteau.
209 — *Maison majorquine*, eau-forte.
210 — *Les oliviers*, dessin.

CHAMPY (Clotaire), né à Clamecy (Nièvre), soldat au 167ᵉ d'infanterie, 27ᵉ comp., Toul.

211 — *Salomé*, terre cuite.

CHANLOUP (René), né à Paris, 22ᵉ section C. O. A., dépôt : La Tour Maubourg, à Paris.

212 — *Un coin chez la modiste* (nature morte), p.

CHAPERON (Jean), né à Paris, 13ᵉ d'art., 1ᵉʳ groupement, Vincennes.

213 — *L'offrande*, peinture.
214 — *Le corps de garde*, aquarelle.
215 — *Collaboration*, dessin.

CHARMAISON (Raymond), né à Paris, sergent au 40e territorial, 11e compagnie, à Orléans.

216 — *Parterres français* (grand Trianon), p.

217 — *Le grand Trianon*, p.

218 — *La roseraie*, p.

219 — *Entrée du grand Trianon*, p.

CHEFFER (Henry-Lucien), né à Paris, sapeur au 1er génie, dessinateur à l'état-major, gouvernement militaire de Paris.

220 — *Le taube exposé aux Invalides*, aquarelle.

221 — *Cantonnement à S.*, aquarelle.

222 — *Une visite aux Invalides*, aquarelle.

CHESNEAU (Georges), né à Angers, sergent au 135e d'infanterie, 27e comp., dépôt : Angers.

223 — *Daphnis*, pierre.

224 — — (réduction), terre cuite.

225 — *L'hiver*, esquisse terre cuite.

226 — *Bérénice*, esquisse plâtre.

CHEVALIER (Georges-Emile), né à Paris, soldat 1re classe, 174e d'infanterie, à Epinal.

227 — « *Indécise* », sculpture.

CLADEL (Marius), né à Sèvres (Seine-et-Osie), cycliste, 204e d'infanterie, compagnie H. R.

228 — *Lamentation*, bronze.

229 — *Complaisance* (Pierre de Pouillenay).

230 — *Tête de femme*, bronze.

231 — *Captive*, plâtre.

232 — *Buste d'Edmond Guiraud.*

CLAUDE (Georges), né à Paris, capitaine, génie territorial, Etat-major particulier du génie du gouvernement militaire de Paris.

233 — *La leçon de lecture*, p.

234 — *Intérieur d'hôtellerie de Guillaume le Conquérant à Dives*, p.

235 — *La cour de las Doncellas* (Alcazar de Séville), aquarelle.

236 — *Cour des Lions* (Alhambra de Grenade), aquarelle.

237 — *Premières communiantes*, lithogr.

238 — *La pratique dans la montagne*, lithographie.

CLAUSTRES (René), né à Fleury (Oise), soldat au 153e d'infanterie. Mort au champ d'honneur.

239 — *Le jour de visite à l'hôpital*, d'après Geoffroy (musée du Luxembourg), lithographie.

240 — *L'homme à la pipe* (portrait de Courbet d'après lui-même), lith.

CLUZEAU (Pierre), né à Paris, 22e section, infirmier militaire, détaché à l'hôpital auxiliaire 238 à Nogent-sur-Marne.

241 — *Notre-Dame* (transept nord), dess.
242 — — (côté sud), —

COLIN (Paul-Emile), né à Lunéville, médecin à l'ambulance 219, à Sceaux (Seine).

243 — *Hyménée*, eau-forte.
244 — *Le soir*, eau-forte.
245 — *La lande*, eau-forte.
246 — *Le moulin à vent*, eau-forte.
247 — *Le pain*, eau-forte.
248 — *Le mousse*, eau-forte.
249 — *Les sabotiers*, eau-forte.

COMBESCOT (Albert), né à Paris, soldat 2e classe, au 22e.

250 — *Tête d'enfant*, marbre.

COURSELLES DUMONT (Jean-Edouard), né à Paris, caporal au 113e d'infanterie, 7e compagnie. Disparu, le 22 août, à Signeult en Belgique.

251 — *Portrait de M. Serveau*, dessin.

CRENIER, tué à l'ennemi le 5 mai 1915.

251 *bis* — *Buste du compositeur Maurice Le Boucher.*

251 *ter* — *Buste du général Hirschauer.*

251 *quater* — *Premier grand prix de Rome.*
Appartient à l'Ecole des Beaux-Arts.

CROIX-MARIE (Jean-Paul), né à Orléans, soldat au 40e territorial d'infanterie, à Noyers-sur-Serein (Yonne).

252 — *Sellette*, chêne sculpté.

253 — *Petite glace*, cadre chevalet noyer sculpté.

254 — *Petite glace*, cadre noyer sculpté.
(Art décoratif.)

DALLET (Jules), né à Paris, soldat au 354e d'infanterie, 17e compagnie, dépôt à Morlaix.

255 — *Croquis pris sur le front* (guerre 1914-1915), dessin.

256 — *Croquis pris sur le front* (guerre 1914-1915), dessin.

DARBEFEUILLE (Jean-René), 31e d'infanterie, 1re compagnie. Prisonnier à Regensburg (Bavière).

257 — *Solitude* (paysage), aquarelle.

258 — — — —

DARBEFEUILLE (Victor), né à Toulouse, 354e d'infanterie, 18e compagnie.

259 — *Méditation*, p.
260 — *Bergers à la fontaine*, p.
261 — *Tobie*, p.
262 — *Eglise*, Auneau (Eure-et-Loire), p.
263 — *Vieille église*, p.
264 — *Place de village*, p.

DAUPHIN (Louis-Etienne), caporal aviateur, 2e groupe aéronautique, escadrille C.

265 — *La cathédrale de Reims*, aquarelle.
266 — *Moulin* (fin septembre), aquarelle.
267 — *Dans les ruines* (près d'Ypres), aquarelle.

DECÔTE (Georges), né à Lyon, sergent au 110e territorial, 15e compagnie, Baume-de-Transit (Loire).

268 — *Œillets*, p.
269 — *Chrysanthème*, p.
270 — *Ferme Namande*, pastel.

DEHERAIN (François), né à Paris, médecin auxiliaire. Prisonnier à Halle an der Saale (Allemagne).

271 — *Véranette fait un conte*, gravure.

272 — *Les Trémaïé* (les Baux de Provence), peinture.

273 — *Jeune fille de la forêt* (Bretagne), bronze.

DEJEAN (Louis-Eugène), 24e territorial, 17e comp., 2e section, Brionne (Eure).

274 — *Femme à sa toilette*, marbre.

DELACROIX (Paul-Léon), né à Paris, soldat au 15e territorial, 13e comp., dépôt à Sainte-Anne-d'Auray (Morbihan).

275 — *Effet de neige.*

276 — *Paysage.*

277 — *Effet de soir.*

278 — *Vieux toits.*

DELAMAIN (Eugène), né à Vert-le-Petit (Seine-et-Oise), soldat au 32e territorial. Blessé et disparu après le combat autour d'Arras, 9 octobre 1914.

279 — *Crépuscule*, pastel.

280 — *Dernières gerbes*, pastel.

281 — *Maison ensoleillée, à Gournay* (Deux-Sèvres), p.

DELANDRE (Robert), né à Elbeuf, soldat, 3e section territorial, C. O. A. Boulangerie de campagne n° 3.

282 — *Série de médaillons, portraits militaires des régions de Reims, Tours et Amiens*, sculptures.

DELAPCHIER (Louis), né à Saint-Denis, caporal au 71ᵉ régiment, 13ᵉ compagnie, dépôt à Angers.

282*bis* — *La petite faunesse.*

282*ter* — *Espagnole*, portrait de Mˡˡᵉ P.

DELAUNAY (Pierre), né à Champtoie (Maine-et-Loire), soldat au 65ᵉ d'infanterie territorial, 26ᵉ compagnie, Nantes.

283 — *Paysage d'Italie*, p.

DELECLUSE (Eugène), né à Paris, soldat au 282ᵉ d'infanterie, 22ᵉ comp., Montargis.

284 — *En route pour la pêche*, p.

285 — *Sortie du port*, p.

286 — *Petite bretonne*, pointe sèche.

287 — *Express aux fortifs*, pointe sèche.

DELOBRE (Emile-Victor), né à Paris, soldat au 34ᵉ territorial, 2ᵉ comp. spéciale, à Montereau.

288 — *Grand-père*, p.

289 — *Place Saint-Marc* (Venise), p.

290 — — — —

DELPEY (André), né à Paris, 2e canonnier, 13e d'artillerie, 65e batterie, Fort Neuf, à Vincennes.

291 — *La réussite : quand reviendra-t-il*, peinture.

DEMAILLY (Louis-Hector), né à Marœuil (Pas-de-Calais), sapeur télégraphiste, 8e génie, Belfort.

292 — *Intérieur d'église*, peinture.

293 — *Intérieur*, peinture.

DEMONCHY (Georges), né à Paris, sergent au 134e d'infanterie, 4e compagnie. Tué le 6 octobre 1914 dans la forêt d'Apremont.

294 — *Mendiant aveugle dans la casbah*, peinture.

295 — *Marine à Tripaba* (Algérie), peint.

DENIS (Claude), né à Lyon, soldat au 111e territorial. Prisonnier de guerre au camp de Gustrow in Mecklembourg (Allemagne).

296 — *Le jugement de Paris*, peinture.

297 — *La Dent de Crolles* (paysage du Dauphiné), gravure.

DERRE (Emile), né à Paris, soldat 24e section, infirmier à Versailles.

298 — *Nevermore*, marbre.
299 — *Pour la France*, marbre.
300 — *Rire aux anges*, marbre.
301 — *Portraits de ma femme et de ma petite Liline*, bustes plâtre.
302 — *Tolstoï*, buste plâtre.
303 — *Vieille bretonne*, buste plâtre.
304 — *Petit satyre de Montmartre*, bronze cire perdue.
305 — *Grotte d'amour* (esquisse), bronze.

DESCATOIRE (Alexandre), né à Douai, sergent-fourrier, 3e territorial, 25e compagnie, à Corrèze (Corrèze).

306 — *Conte du Vieux Faune*, sculpture.
307 — *Coffret*, bronze cire perdue.
308 — *Potier*, plâtre patiné.
309 — *Masque de Faune*, bronze cire perdue.

DESLIGNERES, né à Nevers, caporal au 276e de ligne, 17e compagnie, secteur 103.

310 — *Marché parisien*, gravure sur bois.
311 — *Marché Nieuport*, gravure sur bois.
312 — *Nu*.

313 — *Croquis de tranchées*, dessin.

314 — — —

315 — *Malines*, gravure sur bois.

DESOUCHES (Robert), lieutenant d'état-major, 112e brigade, 56e division, secteur postal 133.

316 — *Intérieur*, p.

DESPIAU (Charles), né à Mont-de-Marsan, sergent-fourrier au 141e territorial, 14e compagnie, à Mont-de-Marsan (Landes).

317 — *Buste de Paulette*, sculpture.

318 — *Méditation*, —

DESVALLIERES (Georges-Olivier), né à Paris, chef de bataillon, 6e territorial de chasseurs alpins, dépôt : Nice.

319 — *Le bon larron*, p.

320 — *Nature morte*, p.

DEVARENNE (Anatole-Eugène), né à Andeville, soldat au 11e territorial, C. H. R., Lambezellec (Finistère).

321 — *L'opération chirugicale*, lithogr.

322 — *Le prophète*, —

DESVARREUX (Raymond), né à Pau, caporal au 25e territorial, service attaché au Musée de l'Armée.

323 — *Le site*, p.

324 — *Croquis pris sur le front*, p.
En batterie (près d'Arras), p.

DEVIENNE (Georges-Constant), né à Calais, soldat au 155e régiment, 2e compagnie, à Saint-Brieuc. Secteur postal 32.

325 — *Route de Osches à Ippécourt.*

326 — *Dans l'Argonne* (église et ruines de Vienne-le-Château, combat à la grenade).

327 — *Aquarelles faites sur le front.* . . . .

DEVILLARIO (René-Marie-Léon), né à Saint-Didier-les-Bains (Vaucluse), 118e régiment territorial.

328 — *Dans le vieux parc*, p.

DIDIER-TOURNE (Jean-Emile), né à Agen, 17e section d'infirmiers militaires, caserne Robert, Toulouse.

329 — *Marquis Louis XV*, fusain rehaussé de pastel.

330 — *Princesse Louis XV*, dessin.

DILIGENT (Louis-Raphaël), né à Flizes, sergent au 267e d'infanterie, dépôt : Dreux, et secteur postal 103.

331 — *Parisienne*, statuette s.

332 — *Etude*, p.

333 — *Sous les arbres*, p.

334 — *Maison à Montreuil-surMer*, p.

DOIGNEAU (Edouard), né à Nemour (Seine-et-Marne), chef d'escadron territorial, 29e régiment d'artillerie.

335 — *Fauconnier arabe*, peinture.

DOIN (Gaston), né à Paris, médecin aide-major de 1re classe, hôpital d'évacuation V, 2e échelon, secteur postal 96.

336 — *Saint-Sébastien*, buste bois peint du XVIe siècle.

337 — *Vierge dorée*, statue bois du XVIIe siècle.

DOMERGUE (Jean-Emile), né à Paris, soldat au 42e territorial d'infanterie, détaché au 1er groupe aéronautique, Toul.

338 — *Portrait d'homme*, peinture.

339 — *Etude* (Bretagne), —

340 — — — —

341 — — — —

342 — — — —

DOUCET (Henri), né à Chatellerault, soldat au 32e d'infanterie, 4e compagnie, Chatellerault. Tué à Hogge (Belgique), le 5 mars 1915.

343 — *Paysage* (Provence), p.

344 — *Route en hiver*, p.

DOUROUZE (Daniel), né à Grenoble, 2e régiment d'artillerie, 73e batterie, Grenoble.

345 — *La Tamise à Londres*, aquarelle.

346 — *Paysage en Dauphiné*, —

347 — — — —

347*bis* — *London Bridge*, —

DRESA (Jacques), né à Versailles, engagé volontaire, brigadier, 10e d'artillerie, 2e groupe lourd, 27e batterie, dépôt à Toulon.

348 — *Penthésilée*, p.

348*bis* — *Géraniums, roses, dans un pot bleu*, p.

DREUX (Paul), capitaine, 33e régiment, 17e compagnie, secteur de Toul.

349 — *Cadre contenant diverses pièces.*

350 — *Un chien, ronde bosse.*

DROPSY (Henri), né à Paris, 31e d'infanterie, 27e compagnie à Melun

350*bis* — *Hôpital.*

350*ter* — *Tranchée.*

DROUARD (Maurice), né à Paris, soldat 1re classe, au 236e d'infanterie, 24e compagnie, dépôt : Rouen.

351 — *Buste du peintre Henri Doucet*, mort au champ d'honneur, sculpt.

352 — *Buste d'André Beury*, homme de lettres, mort au champ d'honneur, sculpteur.

353 — *Buste de fillette*, sculpture.

DROUART (Maurice-Raphaël), né à Choisy-le-Roi, soldat au 46e d'infanterie. Prisonnier à Giessen.

354 — *Soir de mai*, peinture.

355 — *Faune*, —

DUCHAMP-VILLON (Raymond), né à Damville (Eure), médecin auxiliaire, 11e cuirassiers, Saint-Germain-en-Laye.

356 — *Vieux paysan*, buste pierre.

357 — *Femme nue*, sculpture.

DUFOUR (Jean-Jules), né à Toulouse, soldat au 31e d'infanterie. Blessé et prisonnier de guerre.

358 — *L'innocence*, burin en couleurs.

359 — *Juan les Pins.*
Escalier Renaissance à Toulouse.

360 — *La châsse de sainte Geneviève à Saint-Etienne-du-Mont.*

361 — *Notre-Dame de Paris.*

362 — *Notre-Dame, tour nord.*

363 — *La rue de la Vieille-Lanterne à Paris.*

(Eaux-fortes originales.)

DUFRENE (L.), né à Paris, sous-lieutenant au 212e d'infanterie, Hôpital mixte de Gray.

364 — *Jeune faunesse*, marbre.

DUFRESNE (Charles), né à Millemont (Seine-et-Oise), infirmier, 33e territorial d'infanterie, 4e compagnie, secteur postal 53.

365 — *Payasage*, p.

366 — — *cavalier*, p.

367 — — *éléphant*, p.

DUFY (Jean), né au Havre, 2e cond. brancardier, 3e train des équipages, secteur postal 91.

368 — *Paysage*, aquarelle.

DUFY (Raoul), né au Havre, 2e cond., 13e régiment d'artillerie C. A. M. A., Vincennes.

369 — *Les Arums*, p.

DUMONT (Pierre), né à Paris, soldat au 39e d'infanterie, 29e compagnie, à Rouen.

370 — *Cathédrale de Rouen*, face, p.
371 — — — profil, p.
372 — *Nature morte*, p.
373 — *Portrait de M. Edm. Guiraud*, p.

DUNAND (Jean), né à Sancy, conducteur d'ambulances, Hôpital 152, à Paris.

374 — *Un vase*, nickel et argent.

DUROZÉ (Fernand), né à Paris, 37e territorial d'infanterie, 2e bataillon, 6e compagnie, secteur 56.

375 — *Intérieur*, p.
376 — *Jardin du Luxembourg*, p.
377 — —

DUVAL (Constant-Léon), né à Longueron (Yonne), soldat auxiliaire, 22e section de commis ouvriers militaires d'administration, manutention militaire, 18, quai de Billy.

378 — *La neige au Luxembourg*, p.
379 — *La péniche*, p.

380 — *Versailles (automne)*, p.

381 — *Saint-Cloud (automne)*, p.

382 — — —

DUVENT (Charles), chasseur au 1er chasseurs d'Afrique, engagé, attaché à l'état-major du général Gouraud, corps expéd. d'Orient. En convalescence à Paris.

383 — *Vue de Taza* (Maroc), aquarelle.

384 — *Porte de Taza.*

ESCHBACH (Paul), sergent au 46e d'infanterie, à Fontainebleau.

385 — *Paysage hollandais*, p.

ESPAGNAT (Georges d'), né à Melun, chasseur à pied, 7e groupe, cycliste, à Orléans (Loiret).

386 — *La dictée*, p.

387 — *Etude*, p.

ESPOUY (Jean d'), 3e tirailleurs algériens, 3e bataillon, 10e compagnie, train de combat à Lunel.

388 — *Croquis faits sur le front.*

388*bis* — *Croquis.*

388*ter* — *Aquarelle.*

EXBRAYAT (Etienne-Victor), né à Saint-Etienne, prati comme volontaire, caporal au 102e territorial. Tué le 23 octobre 1914.

389 — *Cadre médailles et plaquettes.*

389*bis* — *Cadre médailles et plaquettes.*

390 — *Dentellières* (Haute-Loire).

FIDRIT (Louis), né à Paris, soldat 22e section de C. O. A., station magasin voie 7. Saint-Cyr (Seine-et-Oise).

391 — *Marine*, p.

392 — —

FILLEY (Georges), né à Paris, 153e d'infanterie, 12e comp., Béziers. Blessé à Ypres, décédé à l'hôpital de Chartres.

393 — *Le canal*, p.

394 — *Nu*, p.

FIOT (Maximilien) né à Périgueux, 8e chasseurs à cheval, escorte, secteur 16.

394*bis* — *Cerf aux écoutes*, bronze.

FLAUBERT (Louis-Lucien-Eugène), né à Paris, caporal au 301e d'infanterie, 23e compagnie.

395 — *Buste de Mme X...*, plâtre.

396 — *Chimères*, art décortif, plâtre.

FONT (Constantin), né à Auch (Gers), brancardier militaire, 6e corps, Châlons.

397 — *Portrait*, p.
398 — *Une rue de Ciboure*, p.
399 — *Portrait*, d.
400 — *Jeune mère*, d.

FORMISYN (Alexandre-Léon), né à Paris, 9e territorial. Blessé et rentré dans ses foyers.

401 — *Anémones*, p.
402 — *Le ballon*, litho.
403 — *Pont sur l'Hautie*, aquar.
404 — *Buffalo à la guitare*, d.
405 — *Le petit Belge*, p.

FRAISSE (Edouard), né à Beaune, sergent au 30e bat. de chasseurs alpins.

406 — *Vieille*, buste. Bronze, cire perdue.
407 — *Mme D. P...*, bronze, cire perdue.

GALLAIS (Alfred-Marie-Anselme), aide-major de 2e classe, état-major particulier du génie, secteur n° 1 de la zone avancée nord, dépôt à Versailles.

407*bis* — *Aquarelle.*
407*ter* — *Jeune fille.*
407*quater* — *L'abreuvoir.*
407*quinter* — *Nature morte.*

GALLEREY (François-Mathieu), 322e d'infanterie, 12e comp., à Rozoy-en-Brie.

408 — *Vitrine de salon acajou.*

409 — *Chaises garnies cuir.*

(Arts décoratifs.)

GANDAIS (Henri), soldat au 26e territorial. Prisonnier à Munster (Wesphalie), Larger II, Block II, camp de Rennbahn.

409*bis* — Une vitrine contenant :

1. *Plat céramique;*
2. *Vase;*
3. *Bouteille;*
4. *Coffret.*

GASS (Georges-Pierre-Louis), 306e d'infanterie, 22e comp. Mort à Sapigneul (Marne), le 19 septembre 1914.

410 — *Vieux canal à Amiens*, p.

411 — *Paysage*, p.

GAULET (Henri-Léopold), né à Paris, cond. 2e régiment d'artillerie, 62e batterie, 1re pièce, Grenoble.

412 — *Figure nue*, p.

413 — *Martigues*, p.

GAZAY (Marc-Henri), né à Fontenay-aux-Roses, 2e canonnier, 1er d'artillerie à pied territor., 25e batterie, à Chambourcy-Montaigu (Seine-et-Oise).

414 — *L'Esterel et la Bocca*, gouache.

415 — *La Napoule*, gouache.

GEORGET (Henri), né à Epernay, 313e d'infanterie. Tué à Vauquois le 3 mars 1915.

415*bis* — *Provence.*

415*ter* — *Sancerre.*

GERARD (Jules-Paul), né à Paris, caporal, 34e territorial, 3e bat., 12e comp., secteur postal 136.

416 — *Le lac*, p.

417 — *Les rochers*, p.

GERVAIS (Maurice), né à Paris, état-major du général gouverneur de Dunkerque.

418 — *Les pêcheurs de crevettes*, p.

419 — *Entrée de la citadelle*, p.

420 — *Vieille demeure*, p.

GILLES (Paul-Georges-Henri), né à Paris, soldat au 130e d'infanterie, 8e compagnie, 4e section, dépôt à Alençon (Orne).

421 — Une vitrine, cinq statuettes :
La cigale, ivoire;
L'indiscret, ivoire;
Cigale, ivoire et acajou.
Cachet, ivoire en écrin.
Statuette, ivoire et bronze.

GIRAUD (Jean), né à Bordeaux, caporal au 288e d'infanterie, secteur 121.

421*bis* — *Observateur à l'avant-poste* (travail de sapes).

421*ter* — *Sentinelle avancée.*

GIRAUDIER (Gustave), 20e territorial, à Lisieux.

421*quater* — *Pays basque.*

GLAIZE (Raymond), sergent, 102e d'infanterie, 1re compagnie, Chartres. Blessé et fait prisonnier, le 26 septembre 1914 à Margny-aux-Cerises (Oise). Mort de ses blessures.

422 — *Calvaire à Ouessant*, p.
(Appartient à Mme Raymond Glaize)

423 — *Paysage*, p.

424 — *Portrait de Mme C.*, p.

GLEIZES (Albert), né à Paris, 167e régiment d'infanterie S. H. R., à Toul (Meurthe-et Moselle).

425 — *Portrait d'homme*, p.

(Appartient au professeur L.)

426 — *La cruche*, aquarelle.

427 — — dessin.

GOURDAULT (Pierre), né à Paris, caporal, 4e zouaves, 4e compagnie, 3e bataillon, 89e brigade. Blessé dans les tranchées à Roclincourt, près d'Arras, par un éclat d'obus. Mort de ses blessures.

428 — *Course de taureaux*, p.

429 — *Mabrouka* (bédouine), p.

430 — *Les aveugles* (Tunis), p.

431 — *Gitane* (Grenade), p.

GRAS (Jean-Pierre), né à Villeneuve-lès-Avignon, soldat au 21e d'infanterie, 8e compagnie, 2e bataillon, à Langres.

432 — *Tête de négresse*, bronze cire perdue.

GRASS-MICK (Augustin-Georges), né à Paris, 19e escadron du train, infirmerie vétérinaire, Place Fontenay, Paris.

433 — *Jardin*, p.

434 — *Lecture*, p.

435 — *Deux études et souvenirs 1915*, p.

436 — — — —

GREBEL (Alphonse), né à Hirson (Aisne), sergent, 236e de ligne, 21e compagnie, secteur 41.

437 — *Croquis.*

438 — —

439 — —

GRELAT (René), 2e canonnier conducteur, 13e d'artillerie, 22e section de munitions A, secteur 133.

439*bis* — *Nature morte.*

439*ter* — *Portrait de l'artiste par lui-même.*

GUERIN (Charles), né à Sens, 5e section C. O. A., Dunkerque.

440 — *Architecture*, p.

441 — *Le bonnet bleu*, p.

GUERITOT (Roger), né à Nancy, adjudant, 79e régiment d'infanterie, 7e compagnie, dépôt à Nevers.

442 — *Un charroi anglais (1915)*, p.

443 — *La route de Saint-Jean-Saint-Julien devant Ypres*, p.

444 — *Les blessés de Peuville (Souain 1914)*, p.

445 — *Un puits de Riquewihz* (Alsace), gravure aquatintes.

446 — *La cour du « Nid de cigogne » de Riquewihz* (Alsace), grav. aqua.

447 — *Les pins de montagne* (Alsace), gravure aquatintes.

GUETIN (Victor), né à Saint-Denis, 67e territorial, 13 comp., Dreux.

448 — *A la maîtrise*, p.

449 — *Pendant l'office*, p.

GUILLERMAIN (François-Camille), né à Lyon, soldat au 35e d'infanterie, 29e compagnie, dépôt Besançon et 1er étranger, 2e régiment de marche, bataillon D, dépôt Lyon (Rhône). Engagé volontaire.

450 — *En avant.*

451 — *Quand-Même.*

452 — *Les poilus.*

453 — *Le réveil.*

GUINDET (Charles), 67e d'infanterie, Saintes.

454 — *Nature morte exotique*, p.

455 — *Petite nature morte*, p.

GUIRAND DE SCEVOLA (Victor-Lucien), sous-lieutenant, 6e d'artillerie, Toul.

456 — *L'enfant à la poupée*, p.
457 — *Derrière le rideau*, p.
458 — *Croquis de Garros fait à Toul.*
459 — *Croquis de Gerbévillers et Minorville.*
460 — *Croquis.*
461 — *Croquis.*

GUIRAUD-RIVIERE (Maurice), né à Toulouse, soldat au 13e d'artillerie.

462 — *La peur du loup*, statuette plâtre.
463 — *Le casse-croûte*, —
464 — *Prisonnier marocain*, —
465 — *Femme couchée*, —
466 — *Silhouette*, —
467 — *Portrait de M. Sudreau*, —
468 — *Petite Alsacienne*, —

GUMERY (Achille-Georges), né à Paris, soldat au 74e d'infanterie, à Saint-Thierry (Marne). tué à l'ennemi le 28 septembre 1914 à Saint-Thierry (Marne).

469 — *Poissons exotiques*, panneau décoratif pour salle de bain.

470 — *Maquette boudoir* (en collaboration avec M. Chanloup).

(Arts décoratifs.)

471 — *Etudes*, peinture.

472 — *Etudes*, —

HALLO (Charles), sergent au 27e d'infanterie, évacué fin septembre, pour maladie. Actuellement : Service de téléphotographie aérienne, parc d'aérostation de Belleville, camp retranché de Verdun.

473 — *Le Vergnault en rade*, gr.

474 — *La Justice. Sur le pont*, p.

475 — *Portrait du colonel D...*, p.

476 — *La soupe à Séranville* (septembre 1914), p.

HAMM (Georges-Henri), né à Bordeaux, soldat au 140e territorial d'infanterie, 13e compagnie, camp de Saint-Médard.

477 — Une vitrine contenant :

Pot à tabac bois, couvercle argent. Boîte argent, dessin géométrique. Bonbonnière argent doré, trois bêtes. Epingle corne jaspe papillon. Bouton corne blanche. Bouton corne jaspée papillon. Collier corne papillon monté or, pierres fines et nacre.

HANOTAUX (Gabriel-Lucien), né à Paris, lieutenant au 132e d'infanterie, à Châtelaudren (Côtes-du-Nord). Prisonnier à Magdebourg.

478 — *Eglise de Meudon (St-Martin)*, p.

479 — *Petite maison*, p.

HANSI (Jean-Jacques-Waltz), né à Colmar, sous-lieutenant interprête à l'état-major de la 6e armée, Epinal.

479*bis* — *Ceux qui n'oublient pas.*

479*ter* — *Saverne.*

479*quater* — *Leçon d'histoire.*

480 — *Clair de lune*, eau-forte.

480*bis* — *La maison Klauss* (Colmar), eau-forte.

480*ter* — *Obtingen* eau-forte.

HENEUX (Edouard), né à Paris, sergent au 102e d'infanterie, 9e compagnie, dépôt à Chartres.

481 — *Aquarelle.*

481*bis* — *Aquarelle.*

482 — *Aquarelle.*

483 — *Aquarelle.*

HERSCHER (E.), sous-lieutenant territorial, commandant l'artillerie du fort de la Double-Couronne, Saint-Denis.

484 — *Un cadre contenant quatre vues du quai de Passy* (eaux-fortes orig.).

485 — *Un cadre de six dessins en blanc et noir, d'une suite en préparation : Reflets dans Paris.*

HEYMANN (Charles), soldat au 226e d'infanterie, 10e compagnie, secteur 128.

486 — *Démolitions rue Chanoinesse.* N° 3.

487 — *Les chemins de fer : Porte de la Chapelle.* N° 7.

488 — *Les chemins de fer : Pont boulevard Ney.* N° 4.

489 — *Rue de la Montagne-Sainte-Geneviève.* N° 11.

(Eaux-fortes.)

HILLEMACHER (Jean), né à Verneuil (Eure), sergent au 128e d'infanterie. Tué le 6 septembre 1914, à Blesmes, près de Vitry-le-François.

490 — *Pieta.* Concours Rome 1914, p.

491 — *Esquisse peinte*, p.

492 — —

493 — *Cadres dessins et croquis*, p.

494 — *Cadres dessins militaires*, p.

495 — *Portrait par lui-même*, p.

HOFFMANN (Gaston), né à Paris, 50e bat. de chasseurs à pied, 9e comp., secteur postal 121.

496 — *Pour la plus grande France*, p.

HOREL (Albert), né à Aubevoye (Eure), 6e rég. d'artillerie à pied, détaché aux fonderies de Fouy (Meurthe-et-Moselle).

497 — *Toul, parvis de la cathédrale* (sept. 1914), p.

HUILLARD (Paul), sergent artificier, 27e territorial, 1re comp., dépôt à Mamers.

498 — *Panneau*, architecture.
499 — — —
500 — — —

HUMBERT (André), né à Paris, sergent, 24e section infirmiers militaires, 73e division de réserve, 20e corps.

500*bis* — *Paysage corse*, p.

IGOUNET DE VILLERS (Charles-André), né à Paris, soldat 22e section de C. O. A., détachement de Vaugirard, bastion 73.

501 — *Sur les fortifs. Printemps à la porte de Châtillon*, p.

502 — *Sur les fortifs. Le Pré-Saint-Gervais et le fort de Romainville*, p.
503 — *Sur les fortifs. Les chiffonniers de la porte de Gentilly*, pastel.

IRELAND (Charley), engagé volontaire, convoi automobile T. M. 430 par cantonnement Baudin, Dijon.

503*bis* — *Statuette.*
503*ter* — *Statuette.*

JACOB (Alexandre), né à Paris, soldat 20e territorial d'infanterie, 8e compagnie, secteur postal 28.

504 — *Paysage d'automne*, peinture.
505 — *Hiver.*

JACQUEMOT (Charles-Louis), né à Tours, soldat, 52e territorial d'infanterie, 8e comp., secteur postal 94.

506 — *Méditerranée*, p.
507 — *La Seine à Veneux*, p.
508 — *Le square Saint-Pierre et le Sacré-Cœur*, p.
509 — *Les bords du Lutin*, p.
510 — *Bords du Rhône* (pochade), p.

JACQUIER (Henry), né à Saint-Etienne, peintre du Ministère de la Guerre, Musée de l'Armée, Hôtel des Invalides.

511 — *Portrait du général Joffre* (commandant en chef des armées), p.

JALLOT (Georges-André dit A. Jallot), né à Paris, 13e régiment d'artillerie, 7e section, convois automobiles, dépôt à Paris.

512 — *Une rue à Pont-de-l'Arche*, p.

513 — *Petite place aux Andelys*, p.

JANOIR (Alfred), né à Paris, brigadier, 9e cuirassiers. Prisonnier à Zwickau (Saxe).

514 — *Après l'orage* (environ de Noyon (Oise), aquarelle.

JAULMES (Gustave-Louis), né à Lausanne, caporal, 117e territorial d'infanterie, 3e compagnie, à Nîmes.

515 — *Enlèvement d'Europe*, p.

516 — *Printemps*, p.

JOANNY-DURAND, caporal au 238e d'infanterie. Blessé en convalescence.

517 — *Le roi de la Bohême*, statuette plâtre.

JONAS (Lucien), né à Anzin (Nord), 327e d'infanterie, 32e compagnie, détaché comme peintre militaire au musée de l'armée, Guéret.

518 — *Les ruines de l'église de Bouchoir*, p.

519 — *Les ruines de l'église de Lihons*, p.
(Etudes faites sur le front.)

520 — *Les trois poilus*, p.

521 — *Maison à Lihons.*

522 — *Poste d'escoute.*
(Pochades exécutées sur le front.)

JOREL (Alfred), 5e génie, Champlan (Seine-et-Oise).

523 — *Japonaise*, statuette marbre rose et ivoire.

524 — *Liseron*, marbre blanc.

JORON (Maurice-Paul), né à Paris, soldat, 246e d'infanterie, 24e compagnie.

525 — *Portrait de M. Georges Thiébaut* (publiciste décédé), p.

JOURDAIN (Francis), né à Paris, soldat de 2e classe à Châlons-sur-Marne.

526 — *Ile-deFrance*, p.

527 — *Bords du Morin*, p.

JOUVE (Paul), caporal-fourrier état-major, 45e division, secteur postal 68.

528 — *155 long tirant la nuit*, dessin.

529 — *La fin du rapace*, dessin.

530 — *L'épouvantable tranchée*, dessin.

531 — *Deux zouaves dans la tranchée* (à Rochincourt), dessin.

532 — *Tranchée le long de la route de Lille* (à Rochincourt), dessin.

533 — *Cuisinier de zouaves*, dessin.

KAPLAN (Jacques), 28e territorial, G. V., Maurecourt (S.-et-O.).

534 — *Les évacués dans l'attente*, p.

535 — *Départ pour la tranchée*, p.

536 — *Dessins*, de droite à gauche, Gustave Kahn, Mme la baronne de G., Louis Legrand, Georges Cain, Lambelli, Gustave Stiegler, Beinstam, Georges Berger (de l'Institut), Clovis Hugues.

KARBOWSKY (Adrien), né à Paris, sergent au 251e de ligne, 21e compagnie, dépôt : Lambezellec (Finistère).

537 — *Nature morte* (monnaies du Pape et chardons), p.

538 — *Œillets, fruits et faïences*, p.

539 — *Faïences, pommes et fleurs*, p.

540 — *Grès, faïence et pommes*, p.

541 — *Nature morte* (pêches), p.

KINSBOURG (Paul-Roger), sergent au 45e d'inanterie, 9e compagnie. Blessé aux Eparges, hospitalisé à Marseille, ambulance 109.

541*bis* — *Etude* (près du lac Majeur).

LACHAT (Louis-François), né à Paris, sergent 20e section de secrétaires d'état-major et de recrutement, ministère de la guerre (cabinet), Bureau des informations de la presse.

542 — *Bords de l'Aube* (à Marcilly), p.

543 — *La Marne* (à Saint-Maurice), p.

LADMIRAL (Emmanuel), né à Paris, soldat, 146e d'infanterie, à Castelnaudary.

544 — *Aquarelle.*

545 — *Aquarelle.*

LAMBERT (Jacques), né à Sèvres (S.-et-O.), 27e d'infanterie, C. H. R., secteur 150.

545*bis* — *Le voleur de coffret.*

545*ter* — *Intérieur.*

LAMBERT (Jacques-Georges), né à Paris, caporal, 3e génie. Prisonnier à Friedrichsfeld (Province Rhénane).

546 — *Roffiat* (Loire-Inférieure), p.

547 — *Fontarabie*, p.

548 — *Lac d'O.* (Pyrénées), p.

549 — *Bruges*, p.

550 — *Fontarabie*, p.

LAMBERT (Maurice de), né à Paris, brigadier au 1er génie, à Compiègne.

551 — *Le Kronprinz*, dessin aquarellé.

552 — *François Joseph*, dessin aquarellé.

553 — *Les vrais éclopés*, lithographie.

LAMBRECHT (William-Adolphe), né à Paris, caporal au 35e régiment territorial d'infanterie, 10e compagnie.

554 — *Aux écoutes*, aquarelle.

555 — *Les cuisteaux*, —

556 — *Au repos*, —

557 — *Le poilu*, —

558 — *Le ravaudeur*, —

559 — *En deuxième ligne*, aquarelle.

LANDAIS (Henri-Louis-Marcel), né à Tours, soldat au 66e d'infanterie, 2e comp., 8e bat., dépôt à Tours.

560 — *Fleurs dans un jardin*, p.

LANDOWSKI (Paul-Maximilien), né à Paris, soldat au 35e d'infanterie territorial, commission de gare, Merrey (Haute-Marne).

561 — *Danseuse aux serpents*, bronze cire perdue.

LAPEYRE (Jean), né à Saint-Epain (Indre-et-Loire), soldat, 20e territorial, 8e comp., secteur postal 28.

562 — *Sérénité*, aquarelle.
563 — *Miroir de diane*, aquarelle.
564 — *Idyle du soir*, —
565 — *Baignade*, —

LAPIERRE-RENOUARD (Paul), né à Paris, capitaine commandant la section T, secteur A du S. G. V. C., à Villeneuve-Saint-Georges.

566 — *Le rempailleur*, p.
567 — *Vue de la gare de Villeneuve-Saint-Georges*, p.

LARIVIERE (Pierre), né à Paris, soldat, 369e d'infanterie, 27e comp., à Montargis (Loiret).

568 — *Maison de Balzac* (porte d'escapade), pastel.
569 — *Pont gallo-romain* (Baussy-Saint-Antoine), pastel.
570 — *Le marché Saint-Médard*, gravure.

LARRIVE (Jean), né à Lyon, soldat au 299e de ligne, 22e comp., secteur 121.

571 — *Le vieux modèle*, bronze.

572 — *Une statue de Saint* (le curé d'Ars), plâtre.

LAURENS (Jean-Pierre), né à Paris, sergent au 25e régiment d'infanterie. Prisonnier à Wittenberg (Saxe).

573 — *Portrait de Péguy*, p.

574 — *Dans le jardin*, p.

LAURENT (Maurice-Sébastien), né à Nancy, 168e d'infanterie, 12e comp. Blessé en traitement dans un hôpital de Nancy.

575 — *La mort du cheval*, p.

576 — *Elan le soir*, gravure.

577 — *Taureau*, dessin.

LAUTHE (Jean-Antoine), né à Guingamp, sergent, 48e d'infanterie, 2e bat., 7e comp., dépôt : Guingamp.

578 — *Chrysanthèmes*, p.

579 — *Chrysanthèmes*, aquarelle.

580 — *Grève du Palu*, aquarelle.

581 — *Chaumière*, —

LE BEAU (Alcide), né à Lorient, soldat au 20e territorial. Dépôt : Butry, par Auvers (S.-et-O.).

582 — *L'écorché de Michel-Ange*, p.
583 — *Vase de fleurs*, p.
584 — *Paysage de Corfou*, aquarelle.
585 — *Paysage breton*, —

LECOMTE (Paul-Emile), soldat au 319e de ligne, 24e comp., à Lisieux (Calvados).

586 — *La cale de Dinard*, p.
587 — *Marguerites jaunies*, p.

LECOURT (Raymond), né au Hâvre, soldat au 129e d'infanterie, 3e compagnie, dépôt au Hâvre. Blessé à Courcy, près de Reims, le 14 septembre 1914.

588 — *Chevaux dans l'écurie*, p.
589 — *La charrue*, p.
590 — *Cheval sous l'ombrage*, p.

LEDERER (Jacques), né à Paris, soldat au 155e d'infanterie, 11e comp., secteur 32.

591 — *La rue Lepic*, p.
592 — *Travaux de l'avenue Junot* (Montmartre), p.
593 — *Le chantier Montmartre*, p.

594 — *Chemin dans la banlieue*, p.

595 — *Le vieux moulin Debray* (Montmartre), p.

LEFAGUAYS (Pierre), né à Nantes, soldat au 104e d'infanterie, 6e comp. Prisonnier de guerre à Ohrdrüf, Thuringe (Allemagne).

595*bis* — *Buste de M. G. D...*

595*ter* — *Buste de l'artiste par lui-même.*

LEFORT (Jean), né à Bordeaux, soldat au 138e territorial. Bureau central militaire.

596 — *La sortie des journaux du soir* (au Croissant), p.

597 — *Saint-Chely d'Apcher* (Lozère), (un veau pour la foire), p.

598 — *Un concours d'aviettes au Parc-des-Princes*, p.

LEFORT-MAGNIEZ, né à Saint-Sauveur-le-Vicomte, médecin major de 1re classe, 111e d'infanterie, 29e division, à Draguignan.

599 — *Une rue d'Equihen.*

LEGASTELOIS (Marcel), né à Paris, sergent, 46e d'infanterie, 6e comp. Disparu au combat de Vassincourt (Meuse), le 8 sept. 1914.

600 — *Buste d'homme*, bronze.

LEMERCIER (Eugène-Emmanuel), né à Paris, sergent au 106e d'infanterie. Disparu aux Eparges le 7 avril 1915.

600*bis* — Les dessins de son tableau *La Contemplation.*

600*ter* — *La mer.*

600*quater* — *Le lac Leman.*

600*quinter* — *La contemplation*, esquisse.

LEMORDANT, lieutenant. Blessé, prisonnier de guerre à Ingoldstadt, fort 10, Bavière (Deutschland).

601 — *Le sauvetage,* —

602 — *Le pilote*, dessin.

603 — *A la barre,* —

604 — *Bretonne dansant*, aquarelle, étude pour le plafond du théâtre de Rennes.

605 — *Le naufrage*, aquarelle.

LENOIR (André), né à Paris, sergent au 24e d'infanterie, 29e comp., à Bernay.

606 — *Sur les bords du Nil*, bronze.

607 — *Arabe en prière*, bronze.

LENOIR (Pierre-Charles), né à Paris, sergent au 73e d'infanterie, 3e comp., à Rouen.

608 — *Fillette assise*, marbre et bronze.

609 — *Au travail*, cire perdue.

610 — *Bretonne à la fontaine*, cire perdue.

LENOIR (Henri-Auguste), né à Nancy, sergent au 168e d'infanterie, 12e compagnie. Tué au Bois Le Prêtre, le 3 mai 1915.

610*bis* — *Sculpture.*

LEPAGE (Paul), soldat au 48e territorial, 1re comp., 1re section, Verdun.

611 — *Portrait*, p.

LE PETIT (A.-M.), né à Fallencourt, soldat au 19e territorial. Blessé, à l'hôpital 59, à Saint-Quay, Portrieux (Côtes-du-Nord).

612 — *L'heure du pot-au-feu*, p.
613 — *La chaumière Mossat* (Ariège), p.
614 — *La baignade du cheval*, dessin.
615 — *Les canards*, dessin.
616 — *L'averse*, gravure en couleurs.
617 — *La noce au village*, gravure en couleurs.

LEROUX (Georges-Paul), sergent au 302e d'infanterie, C. H. R.

618 — *Jardin de la Villa Médicis*, p.
619 — *Le cratère du Vésuve*, p.

LEROUX (Jules-Marie-Auguste), G. V., 29e territorial, Gouvernement militaire de Paris, 20e section.

620 — *Intérieur de chapelle bretonne*, p.

LESELLIER (Edmond), sergent au 65e bataillon de chasseurs à pied, 3e comp., secteur 133.

621 — *Effet de neige*, p.
622 — *Verger*, p.
623 — *Mer après l'orage*, p.
624 — *Etude de mer*, p.
625 — — —
626 — *Côte bretonne*, p.

L'HOEST (Eugène-Léon), né à Paris, soldat au 71e d'infanterie territorial, à Angers.

627 — *Désespérance*, statue bronze.
627*bis* — *L'aviation*, bronze cire perdue (socle marbre).
628 — *Bédouine au marché* (Haute-Egypte), bronze cire perdue.
629 — *Les deux amis* (Haute-Egypte), bronze cire perdue.
630 — *Porteur d'eau de Lougsor* (Haute-Egypte), bronze cire perdue.
631 — *Tête d'arabe*, bronze cire perdue.

LHOTE (André), né à Bordeaux, soldat au 144e d'infanterie, 22e comp., à Bordeaux.

632 — *La convalescence*, p.

LHUICQ Marc), né à Paris, chasseur cycliste, 7e groupe, secteur 19.

632*bis* — *Moulin belge à Warwoult.*

LIEBART (Hubert), brigadier, 17e escadron du train, 41e comp., 6e peloton, à Montauban.

633 — *Le Pont-Neuf, peinture.*

LOISEAU (René), soldat au 153e d'infanterie, à Béziers, 11e comp., dépôt à Béziers. Blessé et prisonnier en Belgique.

634 — *Petit cheval marocain*, bronze.

LORAIN (Gustave), né à Paris, soldat, 146e de ligne, Castelnaudary (Aude).

634*bis* — *Roses.*

LORIEUX, né à Paris, soldat au 369e d'infantrie, 21e comp., par Toul. Tué à l'ennemi.

634*ter* — *La Sainte Catherine*, bronze.

LURÇAT (Jean), né à Paris, soldat engagé volontaire au 46e d'infanterie, 8e compagnie.

635 — *L'étang de banlieue*, p.

636 — *Les filles aux bains*, p.

637 — *Le bain dans la rivière*, p.

638 — *Fero d'Ischia* (Italie), dessin.

639 — *Dans l'Argonne*, dessin.

MAGHELLEN (Alfred de), né à Paris, sapeur au 1er génie, 3e comp. du génie auxiliaire, cantonnée à Bellefontaine.

640 — *Intérieur de l'église de Bruyère et Montbérault* (Aisne), p.

MAGNE (Henri-Marcel), lieutenant, 20e d'infanterie, 4e comp., 1er bat., secteur 27.

641 — *Dans la zone des armées*, aquar.

641*bis* — *Frères d'armes*, d.

MALESPINE, soldat, 42e territorial, 10e comp., 4e section.

642 — *Cavalier*, dessin aquarellé.

642*bis* — — —

643 — *Esquisse*, dessin.

644 — *Esquisse*, peinture.

PAUL-MANCEAU (Georges), né à Loches, capitaine, substitut du rapporteur près le 2e conseil de guerre.

645 — *Fin de jour en Dordogne*, p.

646 — *Saint-Georges de Dédonat* (le phare), p.

647 — *La Seine au Pont-Royal*, p.

MANTELET (André), soldat, 20e génie territorial, 1re comp., à Toul.

648 — *Maison bombardée à Marlotte*, dessin.

649 — *Boyau d'accès aux tranchées* (forêt d'Apremont), dessin.

MARC (Robert), né à Chatou (Seine-et-Oise), soldat 1re classe, 18e d'infanterie, 14e comp., à Evreux. Blessé à Heberternes près d'Arras.

650 — *Portrait de l'aumonier de Saint-Cyr, monseigneur Lanusse.*

MARCEL-CLEMENT (Amédée-Julien), né à Paris, soldat, 5e section de C. O. A.

651 — *Aux Champs-Elysées*, p.

MARCHAND (Jean), convoyeur, 22e section C. O. A., caserne de Miollis, rue Miollis.

652 — *Baigneuse*, p.

653 — *Paysage*, p.

MARRET (Henri), né à Paris, sergent, 20e territorial, 14e comp., à Lisieux (Calvados).

654 — *Le port de la Meule*, p.

655 — *Les pins* (panneau), p.

656 — *Les dunes* (panneau), p.

657 — *Après-midi d'été*, p.

MARS-VALETT (Marius), né à Leinenc, engagé volontaire, secrétaire, hôpital auxiliaire n° 103, à Chambéry.

658 — *Câlinerie*, marbre.

MARTIN-SAUVAIGO (Charles), né à Nice, caporal, 111e d'infanterie, 12e comp., dépôt à Antibes, secteur 127.

659 — *Etudes diverses*, p.

MARTY (André), né à Paris, sergent au 38e d'infanterie, 3e comp., dépôt à Saint-Etienne, sceteur 100.

660 — *Guitry père, dans l'Aventurier.*

661 — *Souvenirs de théâtre.*

662 — *La pantoufle de Vair.*

MASSE (Yvon), né à Marennes, caporal, 93e d'infanterie, 4e comp., 1re section, La Roche-sur-Yon (Vendée).

663 — *Un canal*, p.

664 — *Pommes*, p.

MASSON (Charles-Marie-Simon), 226e d'infanterie. Tué à l'ennemi à Courbessaux (combats du Grand Couronné de Nancy), le 25 août 1914.

664*bis* — *Marine*, aquar.

664*ter* — *Etang de St-Hubert* (S.-et-O.), aquar.

664*quater* — *Aquarelle d'Italie.*

665 — *Façade d'hôtel* (archit.), Splendid Hôtel d'Alvard-les-Bains (Isère).

MASSOUL (Félix), né à Saint-Germain (Seine-et-Marne), sergent territorial, 5e section C. O. A., Orléans.

666 — *Petite vitrine de céramiques à pâte sableuse et émail égyptien.*
(Arts décoratifs.)

MAULMONT (Marie-Marcel de), né à Périgueux, soldat au 146e d'infanterie. Disparu à Gellenoucourt (Meurthe-et-Moselle).

667 — *Bout de l'an*, plâtre.

668 — *Fillette*, masque bronze.

669 — *Silhouette*, bronze.

670 — *Buste*, plâtre.

MAUREL (Paul), né à Bordeaux, soldat au 276e de ligne, 5e bat., 2e section, 18e comp., dépôt : Rodez.

671 — *La mare au Diable*, p.

672 — *Derniers rayons*, p.

MEHEUT (Mathurin), né à Lamballe, sous-lieutenant au 136e d'infanterie, 5e compagnie, dépôt à Saint-Lô.

673 — *Mes poilus creusant un abri*, aquar.

673*bis* — *Rue de la Larderie*, aquar.

MENGUE (Pierre), né à Bagnères-de-Bigorre, sergent-fourrier, 276e d'infanterie, 29e comp. Blessé, en convalescence à Rodez.

674 — *Pro Républica*, sculpture.

MENNERET (Charles), né à Paris, soldat au 48e territorial, 17e comp.:, dépôt à Châlons-sur-Marne.

675 — *Une branche de saule*, p.
676 — *Brouillard à Giverny*, p.
677 — *Pins au Bois de Boulogne.*

MESTRALLET (Paul-Louis), né à Paris, soldat, état-major du 20e corps d'armée en campagne; mission.

678 — *Pêcheur au soleil couchant*, p.
679 — *Fleurs*, p.
680 — —

MEUNIER (Henri-Charles), né à Paris, soldat au 10e territorial d'infanterie, 15e comp., à Châteaulin.

681 — *Le chemin*, p.
682 — *Le soir* (Bréhat), p.
683 — *Les chaumes* (Bréhat), gravure en couleurs.
684 — *Rentrée des pêcheurs*, gravure en couleurs.
685 — *Croisement de routes*, gravure en couleurs.
685*bis* — *Notre-Dame de Paris*, gravure en couleurs.

MEY (Léon-Lucien), né à Paris, capitaine, 30e d'infanterie territorial, 11e compagnie, camp retranché de Paris.

685*ter* — *Roses*, p.

685*quater* — *Roses*, p.

MIAULT (Henry), né au Brieulle-sous-Argenton, caporal au 135e de ligne, 30e comp., à Angers.

686 — *Une vitrine contenant* : objets d'art en matières diverses.

MIGNON (Jules-Albert), né à Angers, 71e territorial, à Angers.

687 — *Effet de neige*, peint.

MIGNON (Roger), né à Paris, caporal au 135e d'infanterie. Blessé et prisonnier, 2e bat., 6e comp., baraque 33, à Alten Grabow (Allemagne).

688 — *Les ruines de la Tour de Gal*, gravure.

689 — *Le départ pour les champs*, eau-forte.

MINARTZ (Tony), né à Cannes, 39e territorial d'infanterie, dépôt à Rouen.

690 — *La roseraie*, p.

691 — *Jardin fleuri*, p.

692 — *Parc*, p.

MOLL (Francis), 1er régiment étranger, 2e comp., secteur 109.

692*bis* — *Notre-Dame de Paris*, gravure.

MONCASSIN (Henri-Raphaël), né à Toulouse, infirmier major, 17e section d'infirmiers militaires, Hôpital n° 30, rue du Taur, Toulouse.

693 — *Orphelin 1915*, bas-relief, plâtre.

694 — *Gavroche*, terre cuite.

694*bis* — *Vainqueur*, statuette bronze.

MONCOURT (Albert de), né à Nantua, engagé volontaire, maréchal des logis au 1er dragons, 2e escadron, secteur postal 65.

695 — *Grille de parc* (Picardie), p.

696 — *Vieille demeure* (ville du Nord), p.

697 — *Estaminet* (Flandre), p.

MONTAGNE (Louis), né à Avignon, agent de liaison au 118e territorial, comp. H. R.

698 — *En Provence*, p.

699 — *En Provence*, p.

700 — *Neuf aquarelles* (*Sur le Front*, un cadre), dessins et aquarelles.

701 — *Quinze aquarelles (Sur le front)*, dessins et aquarelles.

MONTRICHARD (Jean de), né à Montmédy, maréchal des logis, 28e dragons. Tué.

702 — *La nymphe des eaux*, p.
703 — *Portrait*, p.
704 — *Une église de la Brie*, p.

MOREAU (Gaston-Auguste), 22e section d'infirmiers militaires.

705 — *Effet du matin* (Dauphiné), p.
706 — *Chrysanthèmes*, p.

MOREAU (Pierre-Louis), né à Châteauroux (Indre), soldat au 90e d'infanterie, bureau du commandant des dépôts, à Châteauroux.

707 — *Ceci tuera cela*, grav. sur bois de fil.
708 — *Sivis pacem para bellum*, —
709 — *L'usine Clément à Levallois*, —

MOREAU-SAUVE (Hippolyte-Edmond), soldat au 153e d'infanterie. Blessé et disparu à Kemmel (Belgique).

710 — *Les géraniums* (cartel), plâtre.
bronze.
711 — *Les capucines* (boîte aux lettres),

MOREAU-VAUTHIER (Paul), né à Paris, caporal au 23e territorial, comp. de mitrailleurs, secteur 134.

712 — *Maquette d'un monument « Les Allobroges »*, plâtre.

MORISSET (Henri), soldat au 119e d'infanterie, à Lisieux (Calvados).

713 — *Le départ pour la promenade*, p.

714 — *Temps calme aux Sables-d'Olonne*, peinture.

MORLON (Alexandre), né à Mâcon, soldat au 13e d'artillerie, convois autom. S. P. 28.

715 — *Un cadre médailles.*

716 — *Loup de mer* (buste), pierre dure.

717 — *Furens Gallia*, sculpture.

MOUHAIN (Paul-Louis), né à Rochefort, sergent au 138e d'infanterie, 1er bat., 2e comp., La Rochelle.

718 — *Les régates du Port-Neuf*, peint.

MOUILLOT (François-Auguste), né à Labergemont-Foigney, secrétaire au 48e d'artillerie, 71e batterie, à Dijon.

719 — *Brouette fleurie*, aquar.

720 — *Etude en forêt*, peint.

721 — *Etude de paysage*, peint.

MOULIN (Alphonse), né à Paris, soldat au 29e territorial, dépôt à Dreux.

721*bis* — *La sirène*, peinture.

MOULIN (Eugène-Emile), né à Laval, soldat au 354e d'infanterie. Disparu à Beuraignes, le 5 octobre 1914.

722 — *Le baiser*, groupe pierre.

723 — *Statuette*, plâtre.

723*bis* — *Et toute chose rire en la saison nouvelle*, bronze.

MUSSON (Louis-Auguste), né à Saint-Cloud, sergent au 17e territorial, 1er bat., 4e comp., Bernay (Eure).

724 — *Environs de Gimel* (Corrèze), p.

725 — *Soir, étang de Ruffaut* (Corrèze), p.

726 — *Marée basse au Conquet* (Finistère), p.

727 — *Rochers de la pointe Saint-Mathieu* (Finistère), p.

NAUDIN (Bernard), sergent au 65e territorial, H. R., secteur 43.

728 — *Les corbeaux*, dessin.

NICOLET (Jules-Marie), né à Paris, sapeur au 9e génie, 6e bat. territ., comp. 6/2 T, à Angers.

729 — *Marines*, pastels.

NICOT (Louis-Henri), né à Rennes, sergent au 75e territorial, à Rennes.

730 — *Lévrier couché* (Barzoï), sculpture.

731 — *Commérages*, bronze.

732 — *Bretonne de Saint-Brieuc*, bronze.

NOWAK (Georges), caporal au 346e d'infanterie, 17e comp., 3e section, secteur 84.

732*bis* — *Buffet moderne acajou, marqueterie, bois de rose, bronzes.*

ŒSINGER (François-Charles-Albert), né à Strasbourg, lieutenant, état-major du 8e corps d'armée, en convalescence à Varennes-les-Nevers.

733 — *Le roi du Siné Saloune* (Sénégal), p.

734 — *Garde indigène*, Kaolak (Sénégal), peinture.

OLLIVIER (Félix), né à Guingamp, adjoint au chef, 4e circonscription du service des débarquements et camionnages, camp retranché de Paris, caserne de Lourcine.

735 — *Tour Solidor* (Saint-Servan), aquar.

OTTMANN (Henri), né à Ancenis, 82e territorial, 14e comp. de dépôt, détaché comme secrétaire à l'hôpital auxiliaire 13 à Ancenis.

736 — *Le nègre*, p.

737 — *Nature morte à l'oie*, p.

738 — *Nature morte au jardin*, p.

OUILLON-CARRERE (Fernand), 34e territorial d'infanterie, 10e comp., secteur 136.

739 — *Danseuse Bertha.*

740 — *Danse profane.*

741 — *Danseuse à Pompéi.*

OUVRE (Achille), né à Paris, caporal au 29e territorial, 11e comp., 13e escouade, dépôt : Paris.

742 — *Portrait de M. Frantz Jourdain*, d.

PAILLET (Charles), né à Moulins-Engelbert (Nièvre), G. V. C., porte 2*bis*, à Rosny-sous-Bois.

742*bis* — *Les deux amis* (singe et chèvre), groupe bronze.

PARENT (Léon-Louis), né à Armentières, 12e d'artillerie, 6e batterie R. A. T., fort d'Aubervilliers.

743 — *L'archevêché (Les quais)*, p.

744 — *Notre-Dame (Les quais)*, p.

PARIZELLE (Charles-Alfred-Louis-Jehan), né à Paris, sergent de réserve au 254e d'infanterie. Tué le 10 septembre 1914, à Ligny-en-Barrois (Meuse).

745 — *Une rue à Dinan*, p.
746 — *Vieux pont de Landerneau*, p.
747 — *Marché de Plougastel*, p.
748 — *Son portrait par lui-même*, p.

PARISON (Gaston), né à Paris, soldat au 131e d'infanterie, 29e comp., à Orléans. Blessé le 2 septembre. A l'Hôpital mixte d'Orléans, salle Saint-Nicolas.

749 — *Nature morte* (fleurs), p.

PAUL (Léon), né à Bransat, caporal au 98e d'infanterie, 4e comp. En traitement à l'Hôtel-Dieu, salle Sainte Barbe, Le Creusot.

750 — *Portrait du révérend Père G...*, p.
751 — *Le dégénéré*, p.

PAVIOT (Louis), soldat au 111e territorial, 1re comp., à Condamine (Basses-Alpes).

752 — *Paysage.*
753 — *Paysage.*
753*bis* — *Paysage.*

PAVOT (Vendémiaire), né à Valenciennes, soldat au 298e d'infanterie, 18e comp., secteur postal 58.

754 — *Groupe Faunes et Faunesse*, sculpt.

PAYRET D'ORTAIL, sergent escad. d'aviation D. M. 36 de l'armée de Belgique, secteur postal 131.

755 — *Vieille cour à Passy*, p.
756 — *Vieille cour*, p.
757 — *Avenue Victor-Hugo*, p.

PECCARD (Jehan), né à Paris, soldat au 289e d'infanterie, 22e comp. En traitement, Hôpital Saint-Antoine, salle Léon Lefort, à Paris.

758 — *L'ancêtre*, p.
759 — *Le sépulcre*, gravure.

PEGOT-OGIER (Jean), élève officier, Ecole Saint-Maixent, 3e compagnie.

760 — *Danse bretonne*, p.
761 — *Pardon breton*, p.
762 — *Jeune breton*, pastel.

PELLERIER (Maurice), Sergent au 324e d'infanterie, 19e comp., secteur postal 157.

763 — *Dans le jardin de Cluny*, p.

PENOYEE (Albert), né à Paris, 231e d'infanterie, 19e comp. Blessé et prisonnier à Friedrichfeld (Allemagne), baraque 24 A.

763*bis* — *Paysage*, p.

PENNEQUIN (Edmond), né à Lille, soldat 2e groupe d'aviation, compagnie d'ouvriers, Chalais-Meudon.

764 — *Bataille de Champigny*, d'après de Neuville.

765 — *Les enrôlements volontaires*, d'après Vinchon.

766 — *Saint Sébastien*, d'après Henner.

767 — *L'escarpolette*, d'après Fragonard.

768 — *Portrait du lieutenant Hervieux.* (Gravure.)

PERROT (Maurice), né à Verneuil-sur-Seine, caporal au 39e d'infanterie, 5e comp., dépôt d'éclopés, à Provins.

769 — *Bouleaux à Verneuil-sur-Seine*, p.

PEYRE (Fernand), né à Vincennes, soldat au 23e d'infanterie coloniale, 21e comp., caserne Lourcine, Paris.

770 — *Le Mas* (Provence), p.

771 — *Les oliviers* (Provence), p.

PICART LE DOUX, né à Paris, ambulance du 15e, groupe 6, secteur 112.

772 — *Portrait de Mme X...*, p.
773 — *Rue à Tunis*, p.

PIMIENTA (Gustave), né à Paris, soldat au 367e d'infanterie, attaché à l'administration militaire d'Alsace-Lorraine, Thann.

774 — *Tête d'homme*, plâtre.

PINCHON (Robert-Antoine), né à Rouen, soldat au 224e d'infanterie, 3e section des mitrailleuses, secteur 41.

775 — *Chemin en forêt*, p.

PINGUET (Victor), né à Paris, soldat au 364e d'infanterie, 20e comp., Verdun (Meuse). Tué le 12 octobre 1914, bataille de Champley (Meuse).

776 — *Eglise Saint-Bernard*, p.
777 — *Bas-Meudon*, p.
778 — *Vues des quais de Rouen*, p.

PIRON (Eugène), né à Dijon, sapeur au 227e d'infanterie S. H. R., secteur 54.

778*bis* — *Le bailleur*, statuette bronze.

PLAUZEAU (Louis-Alfred), né à Aventon-Paché (Vienne), soldat au 72e territorial, 3e comp., 4e bat., à Rozoy-sur-Marne.

779 — *Le premier*, p.

PLUMET (Jean), né à Mâcon, caporal, 58e territorial d'infanterie, comp. hors rang. Poste d'écoute de Chargey-les-Gray.

780 — *Portrait du peintre Luce*, p.

POISSON (Pierre-Marie), né à Niort, cycliste 3e éq. de pont. d'armée, 6e génie, 2e comp., à Angers.

781 — *Jeune fille à la rose*, bronze doré cire perdue.

782 — *Le secret*, bois.

783 — *Danseuse arabe*, esquisse, bronze cire perdue.

PONTOY (Henry), né à Reims, téléphoniste, 132e d'infanterie, secteur 33. Blessé aux Eparges en novembre.

783*bis* — *Sur le front* (Eparges), croquis.

783*ter* — *Sur le front* (Eparges), croquis.

783*quater* — *Petit portail Saint-Remy à Reims.*

783*quinter* — *Intérieur de la cathédrale de Reims*, gravure.

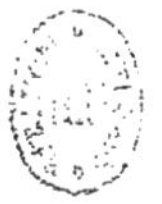

POTTIER (André), sergent G. V. C., 22e territorial, en gare de Bonnières (S.-et-O.).

784 — *La rue aux Tanneries à Mantes.*

784*bis* — *Le vieux port de Limay* (Seine-et-Oise).

784*ter* — *Saint-Eustache et les Halles.*

784*quater* — *La Madeleine.*

POURQUET (Henri-Charles), soldat au 99e territorial, 20e comp., Clermont-Ferrand.

785 — *Idylle antique*, marbre.

785*bis* — *Mais tirez donc les gas*, maquette plâtre.

PRAT, caporal au 111e territorial, 6e comp., secteur 103.

786 — *Paysage*, peinture.

787 — *Pastel*, —

788 — *Paysage*, —

789 — *Bucolique*, —

790 — *Paysage*, —

791 — *Paysage*, —

792 — *Paysage*, —

PROST (Gaston-Louis), né à Paris, soldat au 168e d'infanterie, 6e comp., Hôpital auxiliaire 12, à Luxeuil-les-Bains (Hte-Savoie).

793 — *Matin de novembre au pont des Arts*, p.

794 — *Derniers rayons, étang de Villeneuve*, p.

795 — *Après-midi d'automne, Pont Royal*, peinture.

QUILLIVIC (René), né à Plouhinec, soldat infirmier au 86e territorial, 2e comp., 1er bat., secteur 99.

796 — *Buste de deux frères*, bronze. Appartient à M. G...

797 — *Enfants de Pont-l'Abbé* (Finistère), bronze. Appart. à M. G...

QUENIOUX (Maurice-Marcel), né à Paris, lieutenant au 232e d'infanterie. Blessé. A l'Hôpital Buffon, 16, boulevard Pasteur, à Paris.

798 — *Brocatelle fond jaune.*

799 — *Brocatelle fond bleu.*

800 — *Persan* (toile).

(Art décoratif.)

RAGOT (Emile-Jean), né à Paris, soldat au 42e d'infanterie, 19e comp., 2e section, caserne Ney, à Toul.

801 — *La petite maison*, p.

802 — *Effet d'automne*, p.

RAPIN (Henri), né à Paris, artilleur au 43ᵉ d'artillerie, 54ᵉ batterie, fort de Palaiseau.

803 — *La Bretagne*, p.

804 — *Paysage en Grèce*, p.

RAYMOND - KOENIG, né à Sainte-Marie-aux-Mines, 2ᵉ canonnier, 4ᵉ d'artill. lourde, 10ᵉ batterie, Taverny (S.-et-O.).

805 — *Paysage de montagne*, p.

806 — *Port de Marseille*, p.

REBUT (André), né à Paris, brigadier, 11ᵉ batterie R. A. T., Versailles.

807 — *Sur la route du Lioran* (Cantal), p.

808 — *Paysage de neige* (Cantal), p.

RENAUDOT (Paul), né à Rome, caporal, bastion 40, porte de Saint-Ouen, Paris.

811 — *L'estampe*, p.

812 — *Femme peignant*, p.

813 — *Territorial*, dessin.

814 — — —

815 — — —

816 — — —

REYMOND (Carlos), né à Paris, soldat au 352ᵉ d'infanterie, 5ᵉ bat., 19ᵉ comp., secteur postal 40.

817 — *Printemps en Provence*, p.

818 — *Pins Parasols*, p.
819 — *Parc de Versailles*, aquar.
820 — *Les crevettiers* (Honfleur), aquar.

RICHE (Louis), né à Paris, 22e section de C. O. A, à Vernon.

821 — *Jeunes chats jouant*, marbre.

RIOUX (Henri-Ernest), né à Bois-Colombes, sergent mitrailleur au 48e territorial, par Verdun.

822 — *Marché à Alger*, p.
823 — *En Woëvre*, aquar.
824 — *Soldat dans la tranchée*, aquar.

RIVAUD (André-Adolphe), né à Paris, caporal au 6e génie, 11e bat., 4e comp., à Angers.

825 — Un cadre de gravures en médailles. — *Portrait de Mlle A. G.* — *Tête de marin breton* (étude). — *Médaille « Pour nos sœurs »*, face et revers. — *Médaille Sinagot*, face et revers. — Plaquette bronze face et revers : *L'établi de mon père*.

ROBERT-GAUDEFROY (Pierre), né à Paris, caporal au 36e d'infanterie, 27e comp., à Caen.

826 — *Intérieur d'étable à Provins*, aquar.

827 — *La Sablière en automne*, aquar.

ROBERTY (André-Félix), sergent au 331e d'infanterie, 19 comp., dépôt : Orléans.

828 — *Route de Fontainebleau à Guissy* (étude), p.

829 — *Etude de baigneuse*, dessin.

ROBLIN (Jules), soldat au 163e d'infanterie, 1re comp., 1er bat., à Nice.

830 — *Portrait du soldat Jean de la Perche*, dessin.

ROGER-BLOCHE, capitaine armée territoriale.

831 — *Le froid.*

832 — *L'enfant.*

ROGEROL (Henri), 3e territorial, 21e compagnie, à Cambrai. Prisonnier à Hobzminden.

832*bis* — *Environs de Douai*, pastel.

ROLL (Marcel-Philippe), né à Paris, soldat au 269e d'infanterie, 28e compagnie.

833 — *Le beau rosier*, p.

ROUART (E.), caporal au 15e territorial, 13e comp., à Sainte-Anne-d'Auray (Morbihan).

834 — *Femme de dos. Torse de femme,* deux pointes sèches.

835 — *Femme s'habillant,* pointe sèche.

836 — *Femme nue à genoux,* peinture.

ROUQUET (Marcel), né à Méru (Oise), caporal au 23e d'infanterie coloniale, 29e comp., caserne de Lourcine, à Paris.

837 — *Porte de Sorel* (Eure-et-Loir), aq.

ROUSSEAU (Jean-Jacques), né à Paris, lieutenant au 26e bat. de chasseurs à pied, 14e comp., Vincennes. Détaché à l'état-major du général commandant le département de la Seine, aux Invalides.

838 — *Vache noire à l'herbage* (race normande), peinture.

ROUSSELIN (Gustave-Eugène), né à Paris, soldat au 45e territorial, 1er bat., 4e comp., à Verdun.

839 — *Paysage,* p.

840 — *Paysage,* p.

841 — *Croquis.*

842 — *Pochade.*

ROUSTAN (Lucien), né à Toulon, soldat au 312e d'infanterie. Blessé à Essey et mort de ses blessures à l'Hôpital de Bar-le-Duc, le 19 septembre 1914.

843 — *Portrait*, peinture.

844 — *Esquisses*, —

845 — *Id.* —

846 — *Portrait*, —

847 — *Esquisses*, —

848 — *Id.* —

849 — *Id.* —

850 — *Id.* —

ROUX (Marcel), né à Bessenay (Rhône), infirmier au 111e territorial, 1er bat., 4e comp., secteur postal 155, dépôt à Montélimar (Drôme).

851 — *Femme-Flamme*, gravure faisant partie de la 4e série de « *Filles de joie* ».

852 — *Les Pantins*, gravure faisant partie de la suite IX.

ROYER (Henri), né à Nancy, brigadier au 2e d'artillerie de campagne, 1re batterie, secteur postal 114.

853 — *Portrait*, peinture.

854 — *Etude de portrait*, dessin.

855 — *Etude*, dessin.

856 — *Poulgoazec*, peinture.

RUFFE (Léon), né à Paris, état-major 45. Blessé à l'hôpital militaire 62, 2, rue Saint-Florentin.

856*bis* — *Les dernières barques* (Bretagne).

RUMEBE (Fernand), né à Toulon, soldat au 113e territorial, section H. R., à Toulon.

857 — *Porcelaine et grès de grand feu* (art décoratif).

SAIN (Marius), né à Montlaret, Avignon (Vaucluse), sergent à la 2e sous-intendance militaire au Mans.

857*bis* — *L'harmonie*, statue bronze.

SALADIN (Alphonse), né à Epinal (Vosges), 24e régiment territorial, 3e section mitrailleuses, dépôt : Le Hâvre.

858 — *Statue*, plâtre.

858*bis* — *Tête*, marbre.

858*ter* — *Femme allaitant son enfant*, groupe bronze.

SALLES (Robert), né à Lisieux, soldat au 20e territorial, 13e compagnie, 1re section, 4e escouade, dépôt à Lisieux.

859 — *Place du marché d'Orbec*, p.

860 — *Le Trocadéro par la neige*, p.

SCHMIED (François-Louis), né à Genève, caporal au 3e de marche du 1er étranger, 4e compagnie, Hôpital de Saint-Maurice.

861 — *Le châtaignier*, gravure sur bois.

862 — *Les gerbes*, —

SCHMITZ (Camille-Robert), né à Milan, soldat convoyeur, 24e section de C. O. A., à Saint-Cyr.

863 — *Nu*, p.

864 — —

SCHNERB (Jacques-Félix), né à Avignon, engagé volontaire au 246e d'infanterie, 21e compagnie, secteur postal 34.

865 — *Golfe d'Ajaccio*, p.

866 — *Environs d'Ajaccio*, p.

867 — *Route du Simplon*, gravure.

868 — *Vallée du Rhône*, gravure.

SCOTT (Georges), né à Paris, maréchal des logis, 13e d'artillerie, Ministère de la Guerre.

869 — *Remise de décoration sur le front*, p.

SEGUIN-BERTAULT, né à Châteaurenault (Indre-et-Loire), 25e territorial, 2e batterie, fort de Rosny-sous-Bois (Seine).

870 — *Danseuse à la robe jaune*, p.
871 — *Vue de ma fenêtre*, p.
872 — *Dans les coulisses de l'Opéra*, past.
873 — *Un coin du jardin du Luxembourg*, pastel.

SELMY (Eugène-Benjamin), né à Clermont-l'Hérault, 81e d'infanterie, 26e compagnie, à Montpellier.

874 — *Intérieur d'église*, p.
875 — *Les fiançailles*, p.

SIEFFERT (Paul), sergent-fourrier, 17e territorial d'infanterie, 2e bataillon, 6e compagnie, secteur 148.

876 — *L'enfant au chardonneret*, p.
877 — *Pasqua-Rosa*, p.

SILVESTRE (Paul), né à Toulouse, 23e d'artillerie de campagne, 64e batterie, détaché à la poudrerie nationale de Toulouse.

878 — *Trois aquarelles.*

879 — *Femme au chevreau*, terre cuite.

880 — *Jeunesse*, statue, plâtre.

SIMON (Emmanuel-Joseph), 6e bat. artillerie de réserve territoriale, cannier servant, fort d'Aubervilliers.

881 — *Paysage*, dessin rehaussé.

882 — *Etude*, peinture.

883 — *Petit rû*, dessin rehaussé.

SON (Johannès), né à Lyon, capitaine au 55e territorial d'infanterie, à Bourg.

884 — *Le pont fleuri* (à Quimperlé), p.

885 — *Pastel.*

886 — *Le moulin*, gravure.

SUREDA (André), armée territoriale au Maroc.

887 — *Le paon*, p.

888 — *Femme juive*, p.

889 — *Au cimetière*, p.

890 — *Deux enfants*, p.

TATIN (Emile), né à Marseille, 18e territorial, 9e compagnie, dépôt : Evreux, secteur postal 148.

891 — *Paysage*, p.
892 — *Dessins au front.*
893 — *Id.*

TAVERNIER (H.), soldat ambulancier à la 97e division territoriale d'infanterie, à Lagny.

894 — *Nature morte* (boîte à chapeaux), p.
895 — *Modèle parisien*, p.

TETE (Maurice), né à Paris, caporal au 252e d'infanterie, 17e compagnie, 1re section, 5e bataillon, dépôt à Montélimar (Drôme).

896 — *Jeune fille endormie*, p.
897 — *Automne*, p.
898 — *Fleurs*, p.

THEBAULT (Pierre-Marcel), né à Paris, caporal au 62e d'infanterie, 9e bataillon, 34e compagnie, Lorient.

899 — *Quelques personnes*, peinture.

THIELLEMENT (Georges), 54e d'infanterie. Disparu le 1er septembre 1914.

899*bis* — *Pernes* (Vaucluse), gouache.

899*ter* — *Martigues*, p.

899*quater* — *Jardin*, p.

THOMAS (Auguste-Henri), né à Paris, caporal au 209e territorial, 6e compagnie, à Moisenay-le-Petit, par Melun (Seine-et-Marne).

900 — *L'anse, l'île Sainte-Marguerite* (Alpes-Maritimes), p.

TRANCHANT (Joseph-Alexis), né à La Tronche (Isère), soldat 1re classe, 11e d'artillerie, 3e batterie des R. A. T., 4e section, à Satory.

901 — *L'espace*, peinture.

902 — *Paysage*, aquarelle.

UTTER (André), né à Paris, engagé volontaire au 22e d'infanterie, téléphoniste, compagnie H. R., secteur postal 115.

902*bis* — *Sous bois* (forêt de Compiègne).

902*ter* — *Eglise du Vieux Moulin*.

VALLETTE (Henri), né à Paris, sous-lieutenant au 42e territorial à Toul.

903 — *Lévriers assis*, bronze.

903*bis* — *Lévriers couchés*, bronze.

VEIL (Maurice-Léon), né à Paris, 15e bataillon de chasseurs à pied, 11e compagnie, dépôt à Besançon.

904 — *Rochers*, p.

904*bis* — *Rochers*, p.

905 — *Les Cévennes* (étude), p.

906 — *Plein midi* (étude), p.

VERDIER (Victor-Henri-Joseph du), sergent mitrailleur, 292e d'infanterie, dépôt : Clermont-Ferrand.

907 — *Portrait de Mlles de M.*, médaillon plâtre.

VIAUD (Théodore), soldat au 69e d'infanterie, 27e compagnie, dépôt à Saint-Léger-des-Vignes (Nièvre).

908 — *Portrait* (bas relief), plâtre patiné.

909 — *Portrait* (bas relief), plâtre.

VICTOR-FOURNIER (Alfred), soldat, 24e section C. O. A., voie 7 (convois), station magasin à Saint-Cyr l'Ecole.

910 — *Chez les pêcheurs* (la soupe à bord), p.

911 — *La chaumière du vétéran*, p.

912 — *En attendant l'absent*, p.

913 — *Marine grise*, p.

914 — *Heure de paix*, p.

VIDAL (André), né à Nimes, sous-lieutenant porte-drapeau au 346e d'infanterie. Blessé à Lérouville, en convalescence.

915 — *Choses vues*, esquisses.

916 — *Id.* id.

917 — *Id.* id.

918 — *Croquis de front*, dessin.

919 — *Id.* id.

VIEU (Paul-Robert), 352e d'infanterie, 23e compagnie. Disparu en Alsace le 10 août 1914.

920 — *Etude d'espagnole*, p.

921 — *Id.* *id.*

922 — *Paysage*, p.

923 — *Quatre petites études*, p.

VIGOUREUX (Paul-Maurice), né à Paris, soldat au 27e territorial, 12e compagnie.

924 — *Intérieur de taverne* (en Espagne), peinture.

VILLON (Jacques), né à Danville (Eure), soldat au 21e territorial d'infanterie, 10e compagnie à Rouen.

925 — *Portrait de jeune fille*, gravure.

VINIT (Pierre), né à Paris, capitaine au 4e d'infanterie territorial. Prisonnier de guerre à Gutersloh (Wesphalie).

926 — *Paysage de Bretagne*, p.

927 — *Eglise de Vérone*, aquarelle.

VISSAGUET (Louis), soldat aux chasseurs à cheval, Clermont-Ferrand.

928 — *Vues du Velay*, dessin.

WARNOD (André), né à Giromagny, 269e régiment d'infanterie, infirmier à la 8e compagnie. Prisonnier à Merseburg (Saxe).

929 — *Croquis de Belgique* (Ypres), dessin.

930 — *Croquis de Belgique* (Malines), dessin.

WASLEY (Léon-John), né à Paris, soldat au 13e régiment d'artillerie, 1er groupe, Fontenay-sous-Bois.

931 — *Femme assise*, sculpture.
932 — *Femme accroupie*, —
933 — — —

WATBOT (Louis-Alphonse), né à Saint-Quentin, soldat au 13e territorial, S. G. V. C., poste 4, Ronvres, par Saint-Mard (S.-et-M.).

934 — *Chapelle de la Vierge* (Saint-Julien), p.
935 — *Saint-Julien* (intérieur), p.

WEISMANN (Jacques), né à Paris, conducteur, 13e régiment d'artillerie, service automobile, à Paris.

936 — *Fin de séance*, pastel.
937 — *La brunette*, pastel.
938 — *Croquis de M. Le Cherpy.*

WILDENSTEIN (Edmond-Félix), né à Cherbourg, cycliste, agent de liaison, 77e territorial, dépôt à Cherbourg, secteur n° 2.

939 — *Le repos*, dessin.
940 — *Esquisses*, —

WILDER (André), né à Paris, sapeur au 5e génie, à Versailles.

941 — *Saint Pols' Londres*, p.

942 — *Tower Bridge Londres*, p .

ZINOVIEW (Alexandre) né à Moscou, 2e régiment étranger, bataillon C, compagnie de mitrailleuses, secteur postal n° 6.

943 — *Les portes de Saint-Guillaume* (Chartres), eau-forte.

944 — *Meaux* (paysage), aquatinte.

ZISLIN, né à Mulhouse, sous-lieutenant interprète à l'état-major de l'armée, à Dannemarie.

945 — *Vue d'Alsace* (avant la guerre).

946 — *Les voilà qui arrivent!*

947 — *L'ombrelle rouge.*

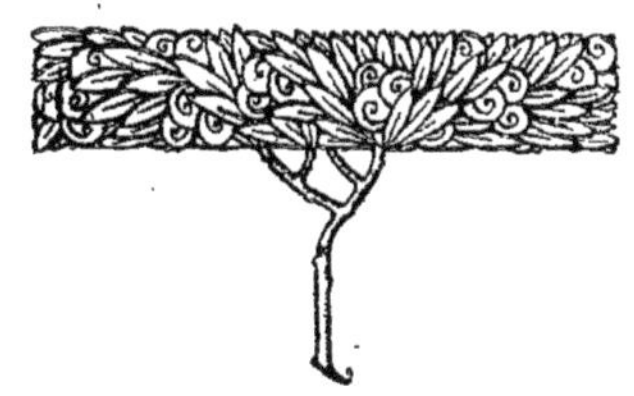

LA TRIENNALE

STATUTS

ARTICLE PREMIER

Il est formé une Société entre Artistes, Peintres, Sculpteurs, Architectes, Graveurs et Décorateurs français, ayant pour but d'organiser tous les trois ans une Exposition d'art.

ART. 2

La Société prend pour titre « *La Triennale* », sa durée est illimitée et son siège social est à Paris.

ART. 3

La Société se compose :

1° De Membres d'honneur;

2° De Membres sociétaires.

Sont membres d'honneur les personnalités choisies en dehors des Artistes et de la Société et ayant rendu des services à l'art.

Sont sociétaires et ont seuls droit à prendre part aux délibérations des Assemblées générales, les peintres, sculpteurs, architectes, graveurs et décorateurs français agréés par le Comité et payant la cotisation annuelle dont le minimun est fixé à cinq francs.

ART. 4

La Société « *La Triennale* » ne peut dépasser 150 membres, se recrute d'elle-même lors des vacances survenues par démissions ou par décès.

ART. 5

La qualité de membre de la Société se perd :

1° Par la démission;

2° Par la radiation prononcée pour non-paiement de la cotisation ou pour des motifs graves par le Comité, le membre intéressé ayant été préalablement appelé à fournir des explications sauf recours à l'Assemblée générale.

Administration — Fonctionnement

Art. 6

La Société est administrée par un Comité composé de 33 membres élus pour trois ans par l'Assemblée générale. En cas de vacance le Comité pourvoit au remplacement de ses membres, sauf ratification par l'Assemblée génèarle. Les membres sortants sont rééligibles.

La Société n'a pas de Président.

Trois délégués et le secrétaire général forment le bureau.

Le Comité pourra répartir les travaux de la Société à des commissions spéciales prises parmi ses membres.

Le Trésorier peut être pris en dehors de la Société.

Art. 7

Le Comité se réunit chaque fois qu'l est nécesasire ou sur la demande du quart de ses membres. La présence du tiers des membres du Comité est nécessaire pour la validité des délibérations. Il est tenu procès-verbal des séances.

Les procès-verbaux sont signés par le Président de séance ou à son défaut par deux membres du Comité et par le Secrétaire.

Art. 8

Toutes les fonctions de membre du Comité et du bureau sont gratuites.

Art. 9

L'Assemblée générale réunit tous les ans les Sociétaires et chaque fois qu'elle est convoquée par le Comité ou sur la demande du quart au moins de ses membres.

Son ordre du jour est réglé par le Comité. Elle est présidée par un président désigné par le Comité qui est assisté du secrétaire.

Elle entend les rapports sur la gestion du Comité, sur la situation financière et morale de la Société. Elle approuve les comptes de l'exercice clos, vote le budget de l'exercice suivant, délibère sur les questions mises à l'ordre du jour et pourvoit au renouvellement triennal des membres du Comité.

Un rapport annuel et les comptes sont adressés chaque année à tous les membres de la Société.

Fonds de réserve et Ressources annuelles

Art. 10

Les recettes annuelles de la Société se composent :

1° Des cotisations ou souscriptions des sociétaires ;

2° Des subventions qui pourront lui être accordées ;

3° Des bénéfices résultant des entrées aux expositions ;

4° Des ressources créées à titre exceptionnel ;

5° De l'accroissement du fond de réserve.

Modifications aux Statuts et Dissolution

Art. 11

Les statuts ne peuvent être modifiés que sur la proposition du Comité ou du cinquième des sociétaires, soumise au bureau au moins un mois avant la séance.

L'Assemblée extraordinaire convoquée spécialement à cet effet ne peut modifier les Statuts qu'à la majorité des deux tiers des membres présents.

L'Assemblée doit se composer du quart au moins des sociétaires.

Art. 12

L'Assemblée générale appelée à se prononcer sur la dissolution de la Société et convoquée spécialement à cet effet, doit comprendre au moins la moitié plus un des sociétaires. Si cette proportion n'est pas atteinte, l'Assemblée est convoquée de nouveau, mais à quinze jours au moins d'intervalle et cette fois elle peut valablement délibérer quel que soit le nombre des membres présents. Dans tous les cas la dissolution ne peut être votée qu'à la majorité des deux tiers des membres présents et les fonds disponibles seraient dans ce cas remis au ministère des Beaux-Arts, qui décidera de leur affectation définitive.

BERNHEIM JEUNE & Cie

Éditeurs

à

Paris

15, Boulevard de la Madeleine
25, Rue Richepance

MODERNE IMPRIMERIE
::: 37, Rue Gandon, Paris :::

www.ingramcontent.com/pod-product-compliance
Ingram Content Group UK Ltd.
Pitfield, Milton Keynes, MK11 3LW, UK
UKHW020236220726
13923UKWH00002B/692

9 782019 919702